AF359301

LA CONDUITE DES ALLIEZ,

ET

DU DERNIER MINISTERE,

En commençant & en continuant
la Guerre.

Traduit d'un Imprimé Anglois, intitulé,

The Conduct of the Allies, and of the late
Ministry, in Beginning and carrying on
the Present War. Second Edition cor-
rected.

Chez Jean Morphew , à Londres 1711.

A LIEGE,

Chez Guillaume - Henry Streel,

1712.

                    Partem tibi Gallia noſtri
ripuit : partem duris Hiſpania bellis ,
Pars jaçet Heſperiâ : totoque exercitus orbe
Te vincente perit. Terris fudiſſe cruorem
Quid juvat Arctois, Rhodano Rhenoque ſubactis ?
Odimus Accipitrem quia ſemper vivit in armis.
                    Victrix Provincia plorat.

PREFACE.

IL est bien étonnant que certains hommes artificieux, tout à fait ennemis du Prince & du Peuple, & qui n'ont pas les mêmes interêts que ceux qui ont leur bien en fonds de terre, osent dans les circonstances presentes déclamer si hautement contre la Paix, sans apporter d'autres raisons que celles que nous trouvons dans les miserables libelles qu'ils répandent.

Je soûtiens qu'il n'y a point un seul homme de sens, soit Whig soit Tory, qui puisse souhaiter la continuation de la guerre sur le même pied que nous la faisons : à moins qu'il n'y trouve son interêt particulier ; & qu'il n'espere par là quelque nouvelle révolution audedans du Royaume, avantageuse à son parti ; ou enfin qu'il ne soit mal instruit de l'état où se trouve la Nation. Je ne toucherai point ici les deux premiers articles qui regardent l'interêt que ces particuliers auroient

PREFACE.

à voir continuer la guerre. Mais je crois qu'il est absolument necessaire que le Public sçache l'état où se trouve la Nation, & la maniere dont nous avons été traitez par ceux ausquels nous avons confié depuis tant d'années nos deniers & nos propres vies. Il est necessaire aussi de faire voir les suites d'une telle conduite, & par rapport à nous, & par rapport à ceux qui viendront aprés nous.

Ceux qui ont entrepris soit dans des Ecrits publics, soit dans des discours particuliers de justifier la conduite du dernier Ministere par rapport à la guerre, & au Traité de Gertruydemberg, étalent la conduite de nos Generaux & la valeur de nos Troupes; ils font de longues listes des Victoires que nous avons remportées & des Villes que nous avons prises: ils marquent les Articles avantageux sur lesquels nos Ministres insisterent, & les peines qu'ils se donnerent pour les faire accepter par la France. Mais il n'y a rien là qui doive arrester les justes plaintes de la Nation.

Pour ce qui est de la guerre; nous nous plaignons de ce qu'on nous a chargé d'un fardeau inutile, & qui étoit au-dessus de nos

PREFACE.

forces. *Nous nous plaignons de ce que nous avons levé des impots pour augmenter les richeffes & la puiffance des particuliers, & pour feconder les deffeins d'une faction dangereuse qu'une Paix auroit diffipée. Nous nous plaignons de ce qu'en faifant la guerre, nous avons negligé le feul endroit, d'où nous aurions pû tirer de l'avantage & ruiner nos Ennemis.*

Au regard de la Paix, nous nous plaignons encore de ce que ceux qui avoient ordre de la negotier, nous ont trompé par un projet de Traité, burlefque & ridicule, en y faifant des demandes aux Ennemis qu'ils ne pouvoient pas nous accorder, & fur lefquelles cependant nos Miniftres ont infifté ferieufement.

Ce font là les points que je prétens éclaircir dans le difcours fuivant. J'y en ajouterai quelques autres dont il eft neceffaire d'informer le public dans les circonftances prefentes. Je ne crois pas me tromper dans les faits que je rapporte : du moins je puis affûrer que je ne m'y trompe pas dans les circonftances effentielles.

Aprés avoir fait la guerre avec fuccés pendant dix ans, il eft affez furprenant de voir

PREFACE.

*des gens soûtenir qu'il nous est encore impossi-
ble d'obtenir une bonne Paix. Cela paroît si
éloigné de toute vrai-semblance, qu'un homme
sage auroit raison de soupçonner ; ou que nous
avons eu du dessous, ou que nous n'avons pas
remporté la plûpart des Victoires dont nous
nous vantons. C'est ce qu'il faut examiner
pour faire voir à la Nation l'état où elle se
trouve aujourd'huy, l'impossibilité de soûtenir
la guerre sur le pié qu'elle a fait jusqu'ici,
les suites de cette guerre & par rapport à
nous & par rapport à nos descendans, alors
elle pourra décider si une Paix sans une condition impossible, sur laquelle certaines gens
insistent tant, est veritablement ruineuse en
elle-même, ou si elle est aussi ruineuse que la
continuation de la guerre.*

LEs motifs qui ont coûtume d'engager un Etat à faire la guerre peuvent se réduire à cinq. On fait la guerre premiérement, pour abaisser la trop grande puissance d'un Prince voisin : Secondement, pour recouvrer ce qui a été injustement usurpé : Troisiémement, pour venger une injure reçûë : En quatriéme lieu, pour assister un Allié ; enfin, pour se défendre, lorsqu'on est attaqué. Dans tous ces cas, les politiques conviennent que la guerre est juste : mais le dernier de ces motifs est le plus pressant. On combat alors pour sa propre conservation : par conséquent l'on doit y mettre le tout pour le tout. Les quatre autres raisons de faire la guerre, ne sont pas de même poids ; & je ne croi pas que pour de pareilles considerations, jamais Prince ou République ayent crû devoir s'embarquer dans une guerre, qui ne pouvoit être soûtenuë que par des emprunts redoublez, & qui devoit les réduire en peu d'années à une condition plus malheureuse que celle qu'ils prétendoient éviter. La raison en est sensible : c'est que par une telle conduite, on s'exposeroit à une ruine certaine, pour prévenir un bien moindre mal ; peut être même un mal incertain, & qui ne seroit un mal qu'en spéculation.

Comme il est certain qu'on ne peut entreprendre la guerre que pour une cause juste & legitime, aussi est-il certain qu'un Prince sage doit considerer dans quel état il se trouve avant que de s'y engager. Il doit examiner s'il a des fonds suffisans & assurez, si ses sujets sont en grand nombre, s'ils sont devenus riches par une longue & heureuse paix. Il doit considerer s'il n'y a point de faction au-dedans de ses Etats, capable de lui disputer les prérogatives, & d'ébranler son autorité : car alors il devroit craindre

de s'expofer aux évenemens d'une guerre longue &
douteufe.

Mais fuppofons qu'une guerre ait été entreprife par
un jufte motif, il faut confiderer encore en quelles
circonftances un Prince peut prudemment entrer dans
un Traité de Paix ; & voici ce que je penfe fur ce
fujet. Si l'Ennemi eft prêt de ceder, ce qui fait
principalement le fujet de la guerre, ou s'il eft impoffible, en la prolongeant, de l'obtenir ; fi la continuation de la guerre, quand même il y auroit efpe-
rance d'obtenir le point capital, doit mettre un Prince
& fon peuple dans un état plus malheureux qu'ils ne
feroient en abandonnant la chofe conteftée ; je dis que
danstoutes ces circonftances un Prince doit écouter des
propofitions de paix. Et toutes ces confidérations ont
beaucoup plus de force, quand il s'agit d'une guerre
entreprife & foûtenuë par une alliance de plufieurs
conféderez : car une telle guerre, à caufe des différens
interêts des Alliez, eft fujette à une infinité d'accidens qu'on ne peut pas prévoir.

Il faut confiderer dans une guerre foûtenuë par des
Alliez, qui eft celui d'entre eux qui y a le plus d'interêt. Car, quoique chacun puiffe avoir des interêts
particuliers, il fe trouve néanmois d'ordinaire qu'un
ou deux y font plus particuliérement intereffez que
les autres ; & ce font ceux-là, qui à proportion des
avantages qu'ils efperent, doivent fe charger de ce
qu'il y a de plus onereux dans cette guerre. Que deux
Princes, par exemple, foient competiteurs pour un
Royaume : vous vous joignez à celui qui vrai-fem-
blablement vous fera les conditions les plus avantageufes pour vôtre commerce : Le Prince dont vous
foûtenez la caufe, a certainement le premier & le
principal interêt dans la guerre. Une République, par
exemple, eft en danger d'être opprimée par un voifin

puiſſant ; & cela pourroit produire de mauvais effets par rapport à vôtre commerce & à vôtre liberté : il eſt de la prudence , & même néceſſaire d'aider cette République à ſe faire une barriere, qui la puiſſe mettre en ſûreté. Mais comme elle eſt expoſée à ſouffrir la premiere , auſſi doit-elle porter le plus grand fardeau de la guerre. Lorſqu'une maiſon eſt en feu , les voiſins doivent la ſecourir , mais le proprietaire y eſt le plus intereſſé : car il peut arriver qu'une pluye, que le changement de vent ou quelque autre accident mette en ſûreté les maiſons voiſines.

Mais ſi un Allié moins intereſſé que les autres dans le bon ou mauvais ſuccés de la guerre, étoit aſſez genereux , pour y contribuer plus que celui qui y auroit le principal interêt, s'il y contribuoit même plus que ſes forces ne le permettent ; il devroit au moins entrer en partage des conquêtes faites en commun : ou ſi ſa ſotte generoſité le portoit à n'y rien prétendre, il devroit du moins attendre que ceux qui ſont les plus intereſſez dans la guerre , le dédommageaſſent en quelque ſorte par les égards qu'ils auroient pour lui. Au moins ne devroit-il pas ſouffrir qu'ils entraſſent dans ſes affaires particulieres , juſqu'à lui marquer les domeſtiques qu'il doit garder , & ceux dont il doit ſe défaire , juſqu'à le fatiguer par des demandes également injuſtes & déraiſonnables, juſqu'à le menacer en toute occaſion de rompre l'Alliance.

De ces Refléxions ſur la guerre en general , je paſſe aux guerres particulieres que l'Angleterre a eu à ſoûtenir depuis qu'elle fut autrefois conquiſe. Dans la guerre des Barrons , dans celle que ſe firent les Maiſons d'York & de Lancaſtre , il périt une grande partie de la Nobleſſe ; pluſieurs anciennes Familles furent éteintes , & de nouvelles s'éleverent ſur leurs débris : mais l'argent employé à ces guerres ne ſortit

point du Royaume, on ne contraĉta point de dettes
publiques, & quelques années de paix rétablirent les
chofes dans leur premier état.

On peut dire la même chofe de l'infame rebellion
contre Charles I. Les ufurpateurs entretinrent de
grandes armées, ils furent continuellement en guerre avec l'Efpagne & la Hollande : mais cette
guerre fe faifant fur mer, bien loin que les richeffes
de la Nation en fuffent diminuées, elles en furent
confidérablement augmentées.

Nos guerres étrangeres regardoient principalement
l'Ecoffe & la France. Les premieres, quoique fré-
quentes, n'étoient point de longue durée; & l'argent
qu'on y employoit ne fortoit point de nôtre Ifle.
Durant les premieres guerres que nous entreprîmes
contre la France, nous nous rendîmes maîtres de
plufieurs Provinces, & nous en gardâmes une partie
jufqu'au Regne de la Reine Marie. Il eft vrai que
quelques-uns de nos derniers Rois y ont fait des ex-
peditions tres-onereufes à la Nation : mais un fubfide
& deux ou trois *quinziémes* fuffifoient en ce temps-
là pour acquitter toutes nos dettes. Ajoûtons à cela
que nos viĉtoires étoient alors utiles & glorieufes :
car nous étions affez fages & affez heureux pour combattre au profit de la Nation, & pour faire des conquêtes qui lui demeuraffent.

Les guerres que le Roi Charles II. declara aux
Hollandois, furent commencées & continuées fous un
miniftere tres corrompu, au grand deshonneur de la
Couronne. Mais fi ces guerres appauvrirent le Roi ;
parce qu'il avoit fouvent mécontenté fon Parlement,
en le prorogeant dans un temps où il en avoit le plus
de befoin, elles n'appauvrirent point la Nation, &
ne firent point fortir l'argent du Royaume.

La derniere Révolution caufa une guerre generale

en Europe. Plusieurs Princes se liguerent contre la France dans le dessein d'arrêter ses trop vastes projets : l'Empereur, les Hollandois & les Anglois en étoient les principaux Acteurs. C'est vers ce temps-là que la coûtume s'introduisit parmi nous d'emprunter des millions à interêt. On prétendoit que la guerre ne dureroit pas deux campagnes entieres ; & que les dettes que l'on contractoit, pourroient être acquittées par l'imposition d'une taxe moderée, sans incommoder le peuple. Mais la vraye raison qu'on eu de faire ces emprunts, étoit la sûreté du Prince, qui n'étoit pas encore bien affermi sur le trône. Les récompenses & les profits considérables que l'on proposoit à ceux qui prêtoient, engagerent bien des gens à le faire ; & par-là ils avoient interêt à conserver un gouvernement, auquel ils avoient confié leurs deniers. L'auteur de ce détestable projet vit encore : il en verra les suites fatales, mais je doute que ses neveux en voyent jamais la fin. Ce pernicieux conseil s'accordoit parfaitement avec l'état des affaires. Car une troupe d'hommes nouveaux, qui n'avoient presque aucune part à la Révolution, mais qui cependant voyant la chose faite, s'en faisoient un merite, trouva moyen de s'accrediter à la Cour en lui faisant prêter de grosses sommes. Ils inventerent ces moyens nouveaux, & tout-à-fait inconnus aux Anglois, de lever de l'argent, persuadez qu'ils pourroient être à la tête de cet infame commerce, parce que la Noblesse dont tous les biens sont en fonds de terre, refuseroit d'y entrer.

La raison que nous eûmes de commencer la guerre, & de la continuer dix ans de suite depuis la Révolution, étoit d'obliger la France à reconnoître le feu Roi & à nous rendre la Baye de Hudson : Mais pendant toute cette guerre nos forces maritimes furent abso-

A iiij

lument negligées, & nous employâmes prés de six millions de livres sterling par an à étendre les frontieres des Hollandois. C'est que le Roi Guillaume étoit General & non pas Amiral ; c'est que tout Roi d'Angleterre qu'il étoit, il n'avoit pas oublié qu'il étoit né en Hollande.

Aprés avoir combattu avec peu de succés pendant dix ans, aprés avoir perdu plus de cent mille hommes, & contracté de dettes plus de vingt millions de livres sterling, nous écoutâmes enfin des propositions de paix, dont l'Empereur & la Hollande profiterent, & dont nous ne retirâmes aucun avantage. Cette paix fut bientot suivie du Traité de Partage. Il portoit que le Royaume de Naples, la Sicile & la Lorraine appartiendroient à la France : ou que si les Espagnols ne vouloient pas l'accepter, comme en effet ils protesterent contre, dans le tems même du Traité, il feroit alors permis au Roi de France de faire valoir ses prétentions sur toute la Monarchie d'Espagne. C'est ce qui arriva peu de temps aprés. Car le feu Roi d'Espagne indigné de voir que des Puissances étrangeres disposoient sans son aveu de ses Etats, & les démembroient à leur gré sans le consulter, laissa par son Testament toute la Monarchie d'Espagne à un fils de France, & ce Prince fut solemnellement reconnu pour Roi d'Espagne par l'Angleterre & par la Hollande.

Il faut avoüer que ceux qui conseillerent alors une nouvelle guerre, furent fortement contredits par les partisans de l'Eglise Anglicane. Ceux-ci avoient conseillé au Roi de reconnoître le Duc d'Anjou : & on assure que le Comte de Godolfin, qui étoit alors dans les interêts de l'Eglise Anglicane, dit au Roi, en Novembre 1701. que si Sa Majesté entreprenoit cette guerre, il seroit obligé de quitter son emploi & de se retirer, ce qu'il executa peu de temps aprés. Mais pour être Grand-Treforier, & avoir seul le maniment des affaires au-dedans du Royaume, tandis qu'un autre, dont bien des raisons l'obligeoient d'époufer les interêts, feroit à la tête des armées, il changea de fentiment, & fe declara pour la guerre.

Les Declarations de guerre que l'Angleterre & la Hollande publierent contre la France font dattées à peu de jours l'une de l'autre. Dans la Déclaration des Etats, il eft dit : *Qu'ils font les plus prés du feu & les plus expofez : Qu'ils font blocquez de tout côté, & actuellement attaquez par les Rois de France & d'Efpagne : Que leur Déclaration eft l'effet d'une néceffité tres-preffante*, &c. *Ils implorent l'affiftance de tous les Rois & de tous les Princes*, &c. Il paroît que le fonds de leur querelle avec la France ne touche immédiatement que les feuls Hollandois ; comme quand ils difent que *les François ont refufé le Tarif accordé par le Traité de Ryfvvick : Qu'ils ont chargé les Hollandois établis en France de taxes exceffives : Qu'ils ont violé le Traité de Partage en acceptant le Teftament du Roi d'Efpagne, & en menaçant les Hollandois pour le faire accepter : Qu'ils fe font emparez des Pays-Bas Efpagnols, & qu'ils en ont chaffé les Hollandois qui y étoient en garnifon avec la permiffion du feu Roi d'Efpagne ; & que par-là ils ont ôté aux Etats leur Barriere, ce qui eft contraire au Traité de Partage, où il eft nommément ftipulé que les Pays-Bas Efpagnols feront cedez à l'Archiduc.* Ils ajoûtent, *Que le Roi de France gouverne les Pays-Bas comme une partie de fon Royaume, quoique fous le nom de fon Petit-Fils : Qu'il s'eft rendu maître de la Ville & Citadelle de Liege, & de plufieurs places de l'Archevêché de Cologne : Qu'il entretient des troupes dans le pays de Wolfembutel à* 'deffein de bloquer les *Hollandois de tout côté : Enfin;* *qu'il a fait prefenter par fon Refident un Mémoire* *aux Etats, dans lequel il les menace d'agir contre* *eux, s'ils s'oppofent au contenu de ce Mémoire.*

La Déclaration de la Reine eft fondée fur la *Grande-Alliance.* Sa Majefté y dit que *le Roi de France s'eft rendu maître d'une partie des Etats appartenans à l'Efpagne ; Qu'il s'eft emparé de Naples, des Pays-Bas Efpagnols & de la ville de Cadix : Que loin de fe défifter de fes prétentions, il a fait un affront à la Reine & à toute la Nation, en declarant le prétendu Prince de Galles Roi d'Angleterre, &c.* Ce dernier article eft le feul qui nous touchât : encore eft-il certain que le Roi de France étoit alors difpofé à reconnoître la Reine.

Il paroît évident par ces Declarations, que nous ne devions pas prendre plus de part à la guerre, qu'y en prenoit le Roi de Pruffe, ou quelque autre des Princes qui ont embraflé dans la fuite la *Grande-Alliance.* Les Hollandois étoient les plus expofez, les troupes Françoifes étant alors aux portes de Nimegue. Mais les plaintes que nous faifons dans nôtre Déclaration de guerre, fi on en excepte la derniere, regardent chaque Nation de l'Europe autant & plus que l'Angleterre. En effet, de tous ceux qui ont embraflé l'Alliance, il y en a peu, qui n'euffent plus à craindre ou à efperer, plus à gagner ou à perdre dans le bon ou le mauvais fuccés de la guerre, que nous. Les Hollandois prirent les armes pour fe garantir d'une ruine prochaine, efperant d'ailleurs qu'une heureufe guerre pourroit étendre leurs frontieres, & oppofer une barriere aux invafions des François. L'Empereur de fon coté fe flattoit de mettre l'Archiduc en poffeffion de la Monarchie d'Efpagne. Le Roi Portugdal avoit été averti que le Roi Philippe vou-

loit faire revivre les anciennes prétentions des Efpagnols fur le Portugal. Ses Etats font de toute part
environnez des ennemis, fi ce n'eft du côté de la mer:
il lui falloit donc une nombreufe Flotte pour mettre
fon Royaume en sûreté. C'eft ce qui l'engagea à écouter les propofitions que lui firent le Roi Charles &
la Reine d'Angleterre. Le Duc de Savoye avoit beaucoup plus à efperer & à craindre que les autres. Les
frais de guerre lui devoient être fournis par l'Angleterre, & il en devoit retirer tout le profit. En cas que
le Milanez fût conquis, il étoit ftipulé que Son Alteffe Royale auroit le Montferrat, l'Alexandrin, Valence, Lomellino & quelques autres terres fituées
entre le Pô & le Tanaro : On lui cedoit encore le Vi-
gevenafque, ou un équivalent tiré de la Province de
Novare : On lui promettoit toutes les places que les
Conféderez prendroient de fon côté fur la France.
Mais malgré ces propofitions avantageufes, ce Prince
avoit toûjours lieu d'apprehender que les troupes
Françoifes qui étoient alors dans le Milanez, ne
tombaffent fur lui & n'engloutiffent fes Etats.

Les autres Conféderez n'entrerent dans l'Alliance
que pour fournir des foldats. Ils eurent d'abord
foin de remplir leurs coffres : & enfuite ils dé-
clarerent à l'Empereur, qu'ils ne pouvoient fournir
leur contingent, fous prétexte que l'Angleterre &
la Hollande avoient déja engagé leurs troupes.

Quelque temps aprés que le Duc d'Anjou eut
fuccedé à la Monarchie d'Efpagne contre le Traité
de Partage, il fut agité icy en Angleterre, fi l'on
continueroit la Paix, ou fi l'on entreprendroit une
nouvelle Guerre. Ceux qui étoient pour la paix affu-
roient que nous n'étions pas en état d'entreprendre
la guerre à caufe des dettes que nous avions contractées : que nous & les Hollandois avions déja re-

connu Philippe pour Roy d'Espagne : que nous ne
devions pas compter sur l'inclination que les Espagnols sembloient avoir pour la Maison d'Autriche,
ni sur l'aversion qu'ils temoignoient pour la Maison
de Bourbon : qu'à la verité la France nous faisoit
injustice, en voulant nous donner un Roy ; mais
que les Espagnols auroient aussi raison de prétendre,
que nous n'avons pas droit non plus de leur en donner un : que le genie des François & des Espagnols
étant tout-à-fait opposé, il y avoit apparence qu'ils
ne s'accorderoient pas mieux sous un Prince de la
Maison de Bourbon, que sous un Roy du sang d'Autriche, & qu'en faisant la guerre pour détrôner le
Duc d'Anjou, il étoit à craindre qu'on ne réünît
par là les deux nations dans les mêmes interêts: Que
les Espagnols seroient certainement obligez de faire
venir des troupes Françoises à leur secours ; & que
cette premiere démarche attirant à la Cour du Roy
Philippe un Conseil de la même nation, peu à peu
les deux peuples ne manqueroient pas de se recon-
cilier.

On ajoûtoit que si on envoyoit en Espagne des
troupes Angloises ou Hollandoises au secours du
Roy Charles, cela ne manqueroit pas de le rendre
odieux à ses nouveaux sujets qui n'ont personne
tant en aversion que ceux qu'ils appellent Héréti-
ques, & que cette conduite rendroit les François
maîtres des trésors des Indes Occidentales: que pendant la derniere guerre, lorsque le Roy d'Espagne,
les Electeurs de Cologne & de Baviere étoient dans
l'Alliance, ils mettoient au moins soixante mille
hommes sur pied : qu'alors maîtres de la Flandre
qui étoit le théatre de la guerre, & ayant à la tête
des armées confédérées sa Majesté, Prince sans
doute d'une valeur & d'une prudence reconnuë, nous

n'avions cependant pas eu lieu de trop vanter nos
fuccés : Que nous ne pouvions donc aujourd'huy efperer de triomper de la France fortifiée de nouveaux
Alliez , & des puiffans fecours, dont nous nous trouvions deftituez : ainfi parloient ceux qui diffua-
doient la guerre.

Ceux au contraire qui avoient interêt de la fou-
haitter , remontroient qu'il feroit d angereux à l'Angleterre de laiffer Philippe fur le Thrône d'Efpagne ; Que nôtre commerce ne pourroit être en fûreté, tandis que ce Royaume feroit fujet à un Prince de la Maifon de Bourbon, parce que le Grand-
pere feroit Roy en effet fous le nom de fon Petit-
fils , & par-là feroit plus en état que jamais de
prétendre à la Monarchie univerfelle.

Ces raifons & d'aurres femblables l'emporterent.
Ainfi, fans fonger à trouver d'autres remedes aux
maux qui nous menaçoient , fans examiner les confequences de nôtre entreprife, fans refléchir fur nôtre état, nous nous précipitâmes, pour ainfi dire, dans
une guerre qui nous a coûté foixante millions de livres
fterling , & qui aprés bien des fuccés que nous n'a-
vions pas lieu d'attendre, nous a mis enfin plus bas
qu'aucun de nos Alliez ; j'ofe dire, qui nous a rendu plus malheureux , que les ennemis même que
nous avons vaincus.

Voyons maintenant la conduite que nous avons
tenuë pendant toute cette guerre , & par rapport à
nos Alliez au dehors , & par rapport à une faction
dominante au dedans du Royaume. Je pretens dé-
montrer par des faits inconteftables , que jamais nation n'a été fi groffiérement trompée par l'imprudence,
par la temerité ; par la corruption & par l'ambition
de fes ennemis domeftiques ; que jamais nation n'a
été traittée avec tant de hauteur, d'injuftice & d'in-

gratitude par fes Alliez que la nôtre. Tout ceci pa-
roîtra évident en montrant:

Premiérement, que contre toute raifon nous
nous fommes engagez dans cette guerre comme
principaux intereffez, nous qui ne devions y entrer
que comme auxiliaires.

Secondement, que nous avons confumé toutes nos
forces dans cette partie de la guerre, qui répon-
doit le moins à la fin que nous nous étions propofée
en la commençant; & que nous n'avons fait aucun
effort du côté où nous pouvions le plus affoiblir nos
ennemis & enrichir les Alliez.

Troifiémement, que nous avons fouffert que nos
Alliez ayent violé tous les articles des traitez qu'ils
avoient faits avec nous, & qu'ils ayent rejetté fur
nous tout le fardeau de la guerre.

Pour ce qui regarde le premier de ces trois Chefs,
je prie toutes les perfonnes fages de confidérer en quel
état nous avons entrepris la guerre. Nous fortions
d'une des plus longues, des plus ennuieufes & des
plus inutiles guerres que l'Angleterre ait jamais entre
prife. Nous étions chargez de dettes dans un excés, qu. n'eût jamais d'exemple dans la nation. Le
corps de la Nobleffe & du peuple las de la guerre
étoit ravi de joüir d'une paix, qui aprés tout ne leut
apportoit point d'autre profit, que le plaifir même
d'en joüir. Car il n'y avoit aucune apparence de diminuer nos taxes, qui étoient devenuës auffi neceffai.
res pour acquitter nos dettes, que pour lever des armées : & il ne nous reftoit qu'une efpéce de richeffes artificielles fur des fonds & des banques, entre
les mains de ceux qui pendant dix ans avoient pillé
le public. Mille abus s'étoient gliffez dans chaque
partie du gouvernement, & demandoient une reforme.
Accablez de ces miferes, dont une paix de vingt-ans

fous le plus habile ministere, n'auroit pû nous délivrer, nous declarons la guerre à la France conjointement avec les Puissances dont j'ay déja parlé, &
qui avoient été nos Alliez pendant la derniere guerre. Il est aisé de voir quel succés on en devoit attendre par l'augmentation des forces de la France ;
puisqu'une experience de dix ans nous avoit appris
que cette Monarchie pouvoit sans ce secours se
maintenir seule contre toutes les puissances de l'Europe. Ainsi le succés de cette guerre devoit selon
toutes les apparences être du côté des ennemis : &
en ce cas, rien au monde ne nous devoit engager à
entreprendre la guerre.

Nous avions déja reconnu Philippe pour Roi d'Espagne. La Declaration de la Reine ne parle point de
l'avenement de ce Prince à la Couronne comme d'un
sujet de querelle. Il y est seulement dit que le Roi
de France gouvernoit l'Espagne comme son propre Roïaume, que ce Prince s'étoit emparé de Cadix, de Milan & des Pays-Bas Espagnols, qu'il
ayoit declaré le Prétendant Roi d'Angleterre. De
tout ceci il n'y a que le dernier article qui nous
regarde, comme je l'ai déja dit ; & il auroit été
aisé de convenir de cet article là même sans entrer en
guerre ; Car la Cour de France declara qu'elle
ne prétendoit pas reconnoître le Prétendant, mais
seulement lui donner le titre de Roi : ce que
le Roy de Suede a bien accordé au Roy Auguste
aprés l'avoir chassé de la Pologne, & l'avoir obligé
de reconnoître le Roi Stanislas.

Il est vrai que les Hollandois avoient à craindre
du voisinage des François, & que leur ruine auroit
de fâcheuses suites pour nous. D'ailleurs, l'Espagne
perduë pour la Maison d'Autriche, & gouvernée par

le conseil & la politique des François, pourroît
avec le temps causer quelque préjudice à nôtre
commerce. Il étoit donc prudent & charitable de
secourir nos voisins, & nous l'aurions pû faire,
sans que personne pût s'en formaliser; puisque par
un ancien Traité avec la Hollande, nous sommes
obligez de fournir à cette Republique dix mille
hommes, autant de fois qu'elle sera attaquée par la
France. Et en effet, lorsqu'à la mort du feu Roi
d'Espagne les troupes Françoises s'emparerent des
Pays-Bas au nom du Roi Philippe, & que les garnisons Hollandoises y furent arrêtées; les Etats
firent presenter ici un Memoire, par lequel ils ne
demanderent que les dix mille hommes, que nous
étions obligez de fournir en vertu de cet ancien
Traité.

Avec un tel secours, la Hollande auroit été en
état de défendre ses frontieres : ou, si elle avoit été
obligée de faire la paix, les Espagnols qui ne peuvent souffrir que l'on démembre leur Monarchie,
n'auroient jamais permis aux troupes Françoises de
rester en Flandre. Car les deux Nations n'avoient
point encore alors fait les liaisons que la guerre a
causées depuis ; toute la haine & toute la jalousie
qui leur sont si naturelles, auroient bien-tôt éclaté.
Il n'y avoit donc aucune raison, qui pût nous engager à prendre les armes, quand même nous aurions
été en état de le faire. Mais nos Politiques avoient
d'autres vûës, & il fallut bon gré malgré nous engager dans une nouvelle guerre à l'instigation seul,
de ceux qui y trouvoient leur interêt particulier.
Ainsi la Grande-Alliance fut concluë entre l'Empereur, l'Angleterre & la Hollande : & il y fut stipuleé
que si la France dans deux mois ne donnoit à ces

Puiſſances

Puissances une satisfaction convenable, les Parties interessées seroient obligées de s'aider mutuellement *de tout leur pouvoir*.

C'est ainsi que nous devînmes Acteurs principaux dans une guerre, où nos deux Alliez étoient infiniment plus interessez que nous. Quoi qu'il en soit, je ne voi pas que les termes de la Grande-Alliance nous obligeassent à faire les prodigieuses dépenses que nous avons faites jusqu'à present. Car *tout le pouvoir de la Nation*, ainsi que s'exprime le Traité, ne signifie que les deniers que le Prince peut lever annuellement sur ses sujets. S'il étoit obligé d'emprunter, soit dans ses Etats, soit hors de ses Etats, ce seroit aller au-delà de *son pouvoir*, & de celui de la Nation, ce seroit consumer le fonds & la substance des particuliers, ce seroit se mettre dans la nécessité de prendre de grosses sommes à interêt. C'est ce qu'on a fait; & c'est par-là qu'une partie de la Nation se trouve actuellement engagée à l'autre, avec peu d'esperance de pouvoir jamais s'acquitter.

C'étoit assez pour nous de differer le payement de nos anciennes dettes, de continuer la taxe sur les terres & sur le malt, avec les autres taxes déja imposées. Nous aurions pû par ce moyen lever des sommes, qui étant bien ménagées, suffisoient pour entretenir cent mille hommes tant sur terre que sur mer : Contingent bien considérable pour celui des Alliez, qui avoit & le moins à apprehender, & le moins à attendre du succés de la guerre. Je ne puis m'imaginer que les Confederez, dans le temps que la guerre commença, eussent pû refuser de se joindre à nous à cette condition; je ne sçaurois croire qu'ils ayent jamais prétendu que nous dûssions pour leur sureté & leur seul avantage, nous endetter tous

les ans de trois ou quatre millions de livres fterling.

Quelque paix que les François nous euffent offerte,
elle ne pouvoit jamais nous être fi ruineufe, que nous
l'a été cette guerre. Nos defcendans auront de la
peine à concevoir nôtre imprudence, de nous être
épuifez pendant dix ans pour foûtenir une guerre fi
onereufe, & dont la fuite nous fera infailliblement
plus onereufe encore; nous, qui durant une paix de
peu de durée avions vû avec horreur l'excés des dettes dont nous étions accablez, qui déteftions les pernicieux confeils de ceux qui nous les avoient fait contracter, & qui cherchions des expediens pour nous
retirer du malheureux état où nous nous trouvions
plongez. Nos defcendans, dis-je, ne pourront concevoir qu'avant que de nous être donné le tems de
refpirer, nous ayons voulu entrer fans néceffité dans
une guerre plus fâcheufe, & qui devoit être felon les
apparences, plus longue que la premiere.

Il eft évident qu'un particulier qui dépenfe par an
plus que fon revenu, le diminuë chaque année, &
fe voit par là obligé d'engager de plus en plus fes
fonds. Ses dettes s'accumulent; & plus il va en
avant, moins il eft en état de s'acquitter. C'eft ainfi
que cette guerre nous a coûté le double de ce que
nous avoit coûté la précedente; & fi nous étions en
état de la continuer encore cinq ans, il eft évident
que nous dépenferions autant dans ces cinq années
feules, que nous avons fait dans les vingt qui ont
précedé. La pofterité croira fans doute que c'eft ou
faute de lumiere, ou faute de probité, que ceux qui
ont confeillé cette guerre, ont manqué de faire une
fupputation fi aifée, & une réflexion fi naturelle.

Mais non feulement nous avons prodigué nos
forces & nos biens d'une maniere indigne; j'ajoûte

que nous avons porté nos armes du côté où il y avoit
le moins à efperer pour nous, & où peût-être nos
conquêtes nous feront un jour funeftes. C'eft le fe-
cond article que j'ai refolu d'examiner.

Nous faifons depuis dix ans la guerre dans celle
de toutes les provinces, où les ennemis font le plus
en état de nous réfifter, d'où nous ne pouvons tirer
aucun avantage, & où il eft tres-imprudent à nous
d'étendre plus loin nos conquêtes; nous y faifons,
dis-je, la guerre depuis dix ans, au lieu d'avoir
tourné nos armes du côté qui nous auroit épargné
& produit plufieurs millions, qui auroit en peu
de temps affoibli nos ennemis, & qui nous auroit
procuré ou une paix avantageufe, ou de l'argent
pour continuer la guerre.

Ceux qui la defirent encore, font valoir nos fuccés
continuels; fuccés, difent-ils, qui furpaffent infiniment tout ce que nous pouvions attendre. Il eft
vrai que nous avons fait dix glorieufes campagnes;
mais cela empêche t'il que nous ne nous trouvions
réduits à l'extremité, femblables à un malade qui
meurt dans un moment, où il fait paroître encore
de la vigueur? Mais ceux qui ont confeillé cette
guerre, ont-ils pû prévoir qu'on pût la foûtenir pendant dix ans? Et comptant même fur d'auffi grands
fuccés que ceux qui font arrivez contre toute efpe-
rance, pouvoient-ils fe flatter de réduire la France &
de fubjuguer l'Efpagne, en entretenant une nombreufe
armée en Flandre? Pouvoient-ils croire que la derniere guerre nous eût laiffé en état de fournir pendant un fi grand nombre d'années les fommes immenfes que nous avons dépenfées? Dépenfes, dont
nous & nos neveux nous fentirons long-temps. Mais
fi aprés de fi éclatans fuccés nous n'avons pas encore
réduit la France; fi nous ne prévoyons pas, quand

nous ferons en état de le faire , en fuppofant même que nous ferons à couvert des revers de la fortune ; que devons-nous attendre felon le cours ordinaire des chofes , finon une guerre en Flandre qui peut durer encore vingt ans ? Ceux qui fe declarent fi hautement contre la paix, croyent-ils de bonne foi qu'une ville prife & cedée aux Hollandois , peut dédommager les Anglois des fix millions de livres fterling qu'ils employent tous les ans pour l'armée de Flandre ? Une ville eft peu de chofes par rapport à de fi vaftes fommes : & je fuis perfuadé que la France eft en état de foûtenir encore pendant douze ans tout le poids de la guerre , en nous laiffant prendre à ce prix une ville chaque campagne.

Je ne dis pas ceci , pour diminuer l'eftime que meritent la valeur de nos troupes & la conduite de nos Generaux. Je fçai que forcer des lignes, paffer des rivieres , prendre des villes font des actions également éclatantes & glorieufes. Mais quand ces actions toutes belles , toutes glorieufes qu'elles font, ne nous apportent point d'avantage folide ; quand elles ne fervent qu'à étendre les frontieres des Hollandois, à augmenter la réputation & les richeffes de nôtre General ; je ne puis m'empêcher de dire que tout cela eft hors de fa place, & qu'on auroit pû avec nos troupes & nôtre argent affoiblir davantage les ennemis, & nous procurer à nous-mêmes quelque avantage folide. Ce n'eft pas le tout : nous perdons plufieurs milliers d'hommes ; nous nous épuifons, non pour nôtre interêt , ce qui feroit une marque de prudence ; non pour une chofe indifferente , ce qui ne feroit qu'une preuve de nôtre legereté ; mais pour nôtre propre ruine , ce qui eft la plus haute de toutes les folies.

Nous pourrons peut-être vivre affez long-temps,

pour éprouver que les effets de nôtre valeur nous feront plus nuisibles que tout le mal que nous pouvions apprehender de l'Espagne sous la domination du Duc d'Anjou. Nous avons conquis pour ceux qui peuvent devenir un jour nos plus dangereux ennemis, nous avons, dis-je, conquis un vaste pays capable d'entretenir toutes les troupes nécessaires pour sa défense, & de nourrir un prodigieux nombre d'habitans. Les Hollandois ne manqueront pas d'y établir des Manufactures, seul avantage qui leur manquoit; & qui étant joint à l'industrie naturelle de ces peuples, les mettra en état de l'emporter sur nous dans tous les pays du monde.

Nôtre contingent de quarante mille hommes, selon qu'il étoit d'abord stipulé, joint aux troupes que les Hollandois devoient fournir, auroit fait une armée de prés de deux cens mille combattans, sans parler des garnisons; & une telle armée auroit été en état de résister à toute la puissance de la France. Ce qui nous restoit de troupes auroit pû être plus utilement employé ailleurs, & pour le bien de la cause commune, & pour nôtre interêt particulier.

Il faut imputer la guerre d'Espagne à la crédulité de nos Ministres, qui se laisserent persuader par la Cour Imperiale, que les Espagnols étoient si fortement attachez à la Maison d'Autriche, qu'aussi-tôt que l'Archiduc y paroîtroit à la tête de quelques troupes, tout le Royaume se révolteroit. Nous y avons donc transporté une armée, & nous y avons trouvé, ou que l'Empereur s'étoit trompé lui-même, ou qu'il avoit voulu nous tromper. Quoi qu'il en soit, nous avons continué la guerre en Espagne à nôtre grand desavantage; & l'unique General que nous y ayons eu, qui par sa conduite ou par son bonheur nous avoit presque mis en possession de l'Espagne, y

fut lâchement abandonné, expofé à l'envie de fes ri-
vaux & aux caprices d'un jeune Prince fans expé-
rience, foûmis à la tyrannie des Miniftres Allemands,
& enfin rappellé en Angleterre. Ainfi nos armées
d'Efpagne & de Portugal ont été facrifiées à l'avarice, à la mauvaife conduite, & à la trahifon des
ennemis de ce General.

Si nous avions agi prudemment, nous aurions dû
dans une conjoncture fi favorable pouffer cette guerre avec toute la vigueur poffible; ou fi nous avions
defefperé de réüffir, nous n'aurions pas dû la continuer. C'auroit été affez de tenir nos troupes fur la
défenfive en Catalogne, & de chercher quelque
moyen plus efficace d'affoiblir l'ennemi, & de nous
enrichir nous-mêmes.

Il fe préfentoit à nous un vafte champ d'honneur
& de profit, que nous avons cependant negligé contre toutes les maximes de la vraye politique. Nos
forces maritimes font fi grandes, que nous avons
peine à fouffrir que nos Alliez comparent celles des
Hollandois aux nôtres: & cependant nous n'avons
jamais fongé à les mettre en ufage. Quelques politiques ont prétendu qu'il falloit conquérir l'Efpagne
en commençant par la Flandre : d'autres ont foûtenu
qu'il falloit commencer par la Sicile ou par Naples:
je m'étonne que perfonne n'ait jamais penfé aux Indes Occidentales.

En nous bornant à fournir nôtre contingent de
quarante mille hommes en Flandre, nous aurions
mis nos flotes en état d'affoiblir les Efpagnols dans
l'Amerique, d'enlever les Gallions ou d'en empêcher le retour en Efpagne, C'eft ce qui convenoit à
une puiffance maritime telle que nous fommes; &
par-là nous aurions certainement obligé la France de
faire la paix, & l'Efpagne de reconnoître l'Archi-

duc. Mais tandis que nous répandons avec profusion nôtre argent dans toutes les parties de l'Europe, la France s'est attiré tout le commerce du Perou : ses vaisseaux allant en droiture à Lima & aux autres ports de l'Amerique, se chargent d'or & d'argent pour des marchandises de peu de valeur. Ce commerce produit à la France des sommes immenses ; & il est à craindre qu'il ne ruine le nôtre, en faisant passer pour l'avenir aux ennemis le profit que nous en retirions. Car tout le monde sçait les grandes sommes que nous produisoient les marchandises que nous envoyions tous les ans à Cadix pour être de-là transportées aux Indes. Nous avons vû toutes les suites de ce nouveau commerce des François, & nous n'avons pas cherché le moyen de l'arrêter.

Il est vray que quelques particuliers de Bristol, ayant équippé il y a trois ans des vaisseaux à leurs propres dépens, & ayant heureusement fait le voyage de l'Amerique, y prirent un vaisseau d'Aquapulco richement chargé, & qu'il s'en fallut peu qu'ils ne s'emparassent d'un autre. Mais cette expedition-là même de quelques particuliers, doit nous faire concevoir ce que nous aurions pû attendre d'une entreprise de la nation. Du moins nous aurions empêché des sommes immenses d'entrer en France & en Espagne, si nous n'avions pas été assez heureux pour pouvoir nous en saisir. Et s'il est vrai, comme les partisans de la guerre l'assûrent, que les François soient réduits à une extrême pauvreté, en quel état seroient-ils donc, si nous leur avions ôté cette ressource ? mais les grands événemens dépendent souvent des moindres circonstances. C'est nôtre malheur que la mer n'ait pas été l'élément du Duc de Marleborough. Car alors le fort de la guerre auroit certainement tourné de ce côté-là, ce qui auroit procuré des avantages infinis au Royaume. Avantages, qui auroient peut-être égalé ceux que ce General a tiré de ses campagnes.

Mais, dira-t'on, si nous avions fait une tentative sur l'Amerique, elle n'auroit pas manqué de donner de la jalousie aux Hollandois, & elle auroit mécontenté la Maison d'Autriche. Ces sortes de discours deviennent assez communs ici depuis quelques années : & ceux qui en sont les auteurs, ont appris à nos Alliez à en tenir de pareils. Car sans cela on auroit de la peine à s'imaginer, que nous qui portons le plus grand poids de la guerre sans esperance d'en tirer aucun profit, on auroit, dis-je, de la peine à s'imaginer, que nous n'olassions pas faire une entreprise, même contre l'ennemi commun, pour nôtre propre interêt, de peur de donner de l'ombrage à nos Alliez, tandis qu'ils nous voïent combattre pour leur conquérir des Provinces & des Royaumes. J'avoüe donc, mais j'avoüe avec quelque espece de honte, que cette objection n'est que trop bien fondée. Car tout le monde sçait que lorsqu'on tenoit encore secrete l'expédition de M. Hill, (contre le Canada) l'Empereur & les Hollandois ayant soupçonné qu'elle pouvoit regarder le Perou, les derniers en firent des plaintes, & que les Ministres de Vienne dirent assez hautement, *qu'il étoit insolent à la Reine, de songer à une telle entreprise.* Quoique cette entreprise ait manqué dans la suite, ne partie par les accidens d'une tempête, en partie par la trahison de ceux qui en avoient été les premiers auteurs, il est toûjours vray qu'elle a été bien concertée, & que selon toutes les apparences elle devoit réüssir.

Il est assez étonnant que les Hollandois ayent témoigné leur mécontentement, lorsqu'ils ont crû que cette expédition regardoit les Indes Occidentales : car on étoit convenu mutuellement que tout ce qu'ils prendroient dans ce pays là leur appartiendroit, & que tout ce que nous y prendrions feroit à nous. C'eft icy, je crois, le feul article de tous nos Traitez qui regarde l'interêt des Anglois : & c'eft pour cette raifon-là même que cet article a toûjours été negligé. Je prie ceux a qui cette reflexion paroîtroit trop dure, d'éxaminer toute la fuite de la guerre préfente tant fur terre que fur mer, avec les Traitez faits avec les Alliez : ils verront qu'on a pris un foin particulier d'empêcher la Grande Bretagne de tirer le moindre avantage de la guerre.

La conduite de nos deux principaux Alliez à cet égard, a appris aux autres de quelle maniere ils devoient en ufer avec nous. Effectivement il n'y a pas un feul petit Prince parmi ceux que nous entretenons de nos fubfides, qui ne foit prêt à chaque occafion de nous menacer, fi nous n'acquiefçons pas à fes demandes, de nous retirer fes troupes, quoiqu'il n'ait pas de quoy les faire fubfifter chez lui.

Pour ce qui regarde le troifiéme point je produirai des faits qui feront voir avec quelle patience nous avons fouffert que les Alliez ayent violé tous les articles des Traitez qu'ils avoient faits avec nous ; & qu'ils nous en ayent fait porter tout le poids. Mais avant que d'entrer en matiere, il fera bon de faire quelques reflexions fur trois de nos Traitez. Elles ferviront à faire remarquer combien peu nos Miniftres fe font mis en peine des intetêts & de la gloire de l'Etat.

Nous avons fait deux Alliances avec le Portugal, l'une offenfive & l'autre défenfive. La premiere ne doit fubfifter que pendant la guerre préfente, la feconde doit être perpetuelle. Dans l'Alliance offenfive, l'Empereur, l'Angleterre & la Hollande font engagez avec les Portugais : dans l'Alliance défenfive il n'y a que nous & la Hollande d'engagez avec le Portugal.

Par la grande Alliance il eft permis, comme je l'ai déja dit, à nous & aux Hollandois de retenir tout ce que nous pourrons prendre fur les Efpagnols dans les Indes Occidentales. Mais dans le Traité offenfif conclu avec le Portugal, il eft dit pofitivement que l'Archiduc fera mis en poffeffion de tous les États, de toutes les terres, de toutes les places qu'à poffedées le feu Roi Charles. Nous violâmes peu de temps aprés cet article là même, en faveur du Portugal, en ftipulant par un autre Traité que l'Archiduc feroit obligé de ceder aux Portugais l'Eftramadoure, Vigo, & quelques autres places. Ceux qui font inftruits du fecret des affaires, pourront dire fi ces contradictions viennent de la trahifon ou de la ftupidité de nos Miniftres.

Par deux autres articles (car je n'infifte pas ici fur ce que nous fervons de convois aux vaiffeaux Portugais & de Gardes-côtes à ce Royaume) nous fommes obligez de deviner les penfées même des ennemis, & de croire le Roi de Portugal fur fa parole, autant de fois qu'il appréhende une invafion ; car nous devons alors lui fournir des forces fuperieures à celles qu'il craint ; & cette fuperiorité ne doit pas fe regler felon nôtre propre jugement, c'eft ce Prince qui en doit être le feul juge. De plus il eft tellement maître de nos flottes, qu'il peut les envoyer aux Indes, ou les garder pour la fûreté de fes côtes, s'il le juge à propos. Au refte, nos vaiffeaux ne doivent pas feulement dépendre du Roi, ils doivent obéïr auffi à fes Vicerois, à fes Amiraux & autres Commandans tant en Europe qu'aux Indes. Ces conditions font fi dures, qu'on n'en impofa

jamais de pareilles, si ce n'est à des nations con-
quiſes.

Dans l'Alliance défenſive, où nous ſommes engagez conjointement avec les Hollandois, on nous
oblige de tenir nos flottes ſur les côtes de Portugal, ou de les envoyer aux Indes, ſelon que le Roi
le jugera à propos. Les Anglois & les Hollandois
ſont encore obligez de fournir douze mille hommes effectifs aux Portugais, & de les entretenir à
leurs propres frais : & il eſt ſtipulé que toutes ces
troupes tant ſur terre que ſur mere, ſeront ſoûmi-
ſes aux Generaux Portugais.

On ne fait mention dans l'Alliance offenſive d'aucun ſecours que le Portugal en cas de beſoin ſoit obligé de nous fournir : mais il eſt fort prudemment ſtipulé dans l'Alliance défenſive, que cette Couronne ſera tenuë de faire la guerre à la France, ou à
l'Eſpagne autant de fois que nous ſerons attaquez
par une de ces Puiſſances ; à condition néanmoins
que nous envoyrons d'abord en Portugal autant de
troupes qu'il faudroit pour défendre ce Royaume,
au cas qu'il fut lui-même attaqué. C'eſt-là une politique digne de nos Miniſtres : car par-là nous ſommes obligez, au lieu de nous ſervir de nos flottes
& de nos armées pour nôtre propre défenſe, de les
envoyer pour aſſûrer le Portugal.

Le treziéme article de ce Traité explique en quoy
conſiſte le ſecours que les Portugais nous promettent. Ils doivent nous fournir dix vaiſſeaux de guerre. Et en cas que l'Angleterre ou la Hollande ſoient
attaquées en même temps & par la France & par
l'Eſpagne, ou par l'Eſpagne ſeule, alors les dix vaiſſeaux de guerre ne quitteront pas les côtes de Portugal. Ils y ſeront ſans doute d'un grand uſage aux
Alliez, & ils y pourront faire des proüeſſes conſi-

dérables contre les ennemis.

Il feroit aſſez inutile de rechercher icy, pourquoy les Hollandois ſont entrez dans ces deux Alliances ; puiſqu'ils n'en ont jamais obſervé un ſeul article , & qu'ils ſe ſont contentez d'en rejetter tout le poids ſur nous.

Qu'un homme de ſens parcoure tous les articles de ces deux Traitez , il aura tout lieu de croire que le Roi de Portugal les a compoſez lui-même dans ſon Conſeil ,& qu'il les a enſuite envoyez ſigner à ſes Alliez. Depuis le commencement juſqu'à la fin de ces Traitez on voit qu'ils ſont faits uniquement pour regler ce que l'Angleterre & laHollande doivent fournir au Portugal, car on n'y fait mention d'aucun équivalent , ſi ce n'eſt de dix vaiſſeaux de guerre , qui dans le temps même où nous pourrions en avoir le plus de beſoin , ſont obligez de ſe tenir ſur les côtes de Portugal.

Le Traité qui regle *la Barriere* , fut conclu entre la Hollande & l'Angleterre le 29. d'Octobre 1709. Il n'y a que le ſecond & le vingtiéme articles de ce Traité qui regardent l'Angleterre. Par le premier de ces articles il eſt ſtipulé que les Etats Generaux maintiendront l'acte pour la ſucceſſion. Par le ſecond les Etats s'engagent à ne point traiter de paix avec la France, juſqu'à ce que le Roi reconnoiſſe la Reine & la ſucceſſion dans la Maiſon d'Hanover , & promette de faire ſortir le Prétendant de ſes Etats.

Quant au premier de ces articles , il eſt ſans doute de l'interêt des Etats Generaux que la ſucceſſion à la Couronne d'Angleterre ſoit conſervée dans la ligne proteſtante. Car le Prince Catholique que nous apprehendons, ne manqueroit pas de ſe joindre à la France , pour ruiner cette Republique ; & les Hollandois ſont autant obligez de maintenir *l'acte de ſuc-*

ceſſion, qu'ils ſont obligez d'obſerver les articles d'un Traité offenſif ou defenſif conclu pour leurs propres interêts.

Sa Majeſté eſt en paiſible poſſeſſion de ſes Royaumes, elle eſt maîtreſſe des cœurs de ſes ſujets ; & je ſuis perſuadé que parmi cinq cens Anglois, à peine s'en trouvera-t'il un ou deux, qui épouſent les interêts du Prétendant. Si l'aſſiſtance que les Hollandois nous promettent pour maintenir nôtre *acte de ſucceſſion*, ſi, dis-je, cette aſſiſtance eſt un équivalent proportionné ou non, à tous les articles dont nous ſommes convenus dans ce Traité, c'eſt aux perſonnes éclairées à en juger. Mais quelle idée les étrangers pourront-ils avoir de nôtre gouvernement, lorſqu'ils verront que nos Miniſtres ſont obligez d'engager les Hollandois d'être garands de nos Actes de Parlement ? Un Prince étranger peut reconnoître la *ſucceſſion :* mais on ne doit pas le prier d'en être garant. En effet, il ſemble par-là que nous ne pourrions pas ſous quelque piétexte & pour quelque raiſon que ce pût être, changer l'acte de ſucceſſion ſans le conſentement de ceux qui en ont été les garands.

L'autre article eſt une ſuite néceſſaire de tout Traité de Paix que l'on feroit avec la France. Il ne s'y agit que de reconnoître Sa Majeſté pour Reine de ſes propres États, de reconnoître le *droit de la ſucceſſion* établi par nos propres Loix, ce qu'une Puiſſance étrangere ne peut pas nous diſputer. Cependant pour meriter de telles graces des Etats, tous les autres articles du Traité que nous avons conclu avec eux, regardent leurs ſeuls interêts.

Par la Grande-Alliance, qui eſt le fondement de la guerre preſente, nous devions recouvrer les Pays-Bas Eſpagnols & les rendre au Roi d'Eſpagne. Par le Traité qui regle *la barriere* dont nous parlons, ce

Prince ne doit rien poſſeder en Flandre durant tout le cours de la guerre. Aprés la paix, les Hollandois auront le commandement militaire de vingt villes & de leurs dépendances, & l'Eſpagne ſera obligée de leur payer quatre cens mille écus par an pour l'entretien des garniſons. Par là ils ſeront maîtres de toute la Flandre depuis Nieuport ſur la mer juſqu'à Namur ſur la Meuſe; ils ſeront maîtres du pays de Vaës, un des plus abondans de l'Europe : & en cas de guerre, ils pourront mettre des garniſons dans telle Ville des Pays-Bas Eſpagnols qu'ils jugeront à propos. Ainſi, ſi l'Angleterre venoit à leur declarer la guerre, il leur eſt permis par ce Traité de s'emparer d'Oſtende.

Par ce Traité, les Hollandois deviennent maîtres abſolus de toute la Flandre Eſpagnole : ils y pourront impoſer & lever des taxes, permettre ou défendre le commerce à leur gré; ils y pourront établir des Manufactures, particulierement celles de laine, en y faiſant venir les ouvriers Irlandois, & les Refugiez François qui ſont répandus par toute l'Allemagne. Et à meſure que ces Manufactures augmenteroient en Flandre, à meſure auſſi nos ouvriers ſeroient obligez de nous quitter : de ſorte qu'en peu d'années les Hollandois deviendroient maîtres du plus riche commerce qui ſoit aujourd'hui ; & il eſt évident que par-là ils augmenteroient tres conſidérablement leurs forces.

Par ce Traité tous les Ports de Flandre ſeront ſujets aux mêmes impôts que les Hollandois jugeront à propos de mettre ſur l'Eſcaut, qui ſe trouve fermé du côté des Etats. On voit aſſez que par cet article, ils excluent les autres Nations du commerce des Pays-Bas ; & cependant il eſt dit dans ce même article, *Que les Hollandois ſeront auſſi libres de trafiquer dans les Etats dépendans du Roi d'Eſpagne, que les ſujets*

de la Grande-Bretagne. Ainfi nous avons conquis
la Flandre uniquement pour les Hollandois ; & nous
y fommes dans une pire condition , par rappport à
nôtre commerce , que nous n'étions au commencement de la guerre.

Nous avons été le fupport du Roi d'Efpagne , auquel les Hollandois n'ont prefque rien fourni , &
cependant ils doivent avoir autant de liberté de trafiquer dans fes Etats que nous. De tout ceci la Reine
eft garante ; & qui plus eft, elle s'eft engagée à maintenir les Hollandois en poffeffion de leur barriere, &
de leur faire payer quatre cens mille écus par an.

Il faut remarquer que ce Traité ne fut figné que
par un de nos Plenipotentiaires ; & l'on affure que
l'autre declara hautement qu'il aimeroit mieux perdre la main droite , que de figner un Traité fi honteux & fi préjudiciable à l'Angleterre. Si cette pro-
teftation eût été faite à temps , & qu'on en eût été
inftruit ici , ce Miniftre auroit fauvé fon honneur,
en fauvant l'honneur de l'Etat. On affure qu'il manquoit d'autres claufes effentielles pour la validité de
ce Traité ; mais nos Miniftres ont mieux aimé facrifier la gloire de la Couronne & la sûreté de la Nation à l'interêt & à l'avarice des Favoris, que de
s'oppofer à leur ambition.

Voyons maintenant de quelle maniere les Alliez
ont obfervé les Traitez qu'ils ont faits avec nous.

Par la Grande-Alliance concluë entre l'Empire,
l'Angleterre & la Hollande , il étoit ftipulé que nous
affifterions ces deux Alliez fur terre & fur mer de
toutes nos forces : *totis viribus.* Dans un Traité conclu depuis , on regle le contingent de chaque Allié.
L'Empereur eft obligé de fournir contre la France
foit en Italie, foit fur le Rhin quatre-vingt-dix mille
hommes : la Hollande s'eft engagée à fournir foi-

xante mille hommes en Flandre , fans y comprendre les garnifons : nôtre contingent devoit être de qua‑ rante mille hommes.

En 1702. le Duc de Marleborough remontra au Parlement qu'il falloit encore lever dix mille hom‑ mes : ce qui lui fut accordé , à condition que la Hollande en fourniroit un pareil nombre, & qu'elle romproit tout commerce avec la France. Mais cette derniere claufe ne fut jamais executée : car peu de temps aprés la *feffion* du Parlement, le Duc de Marleborough conjointement avec les Etats, fans avoir confulté ni la Reine , ni le Parlement, la fit rayer du Traité. Les campagnes fuivantes le Parlement augmenta encore nôtre contingent pour la guerre de Flandre : mais à proportion que nous augmentions le nombre de nos troupes, les Etats diminuoient le nombre des leurs. Le Parlement s'en étant apperçû, pria la Reine de faire obferver aux Hollandois les conventions qu'ils avoient faites avec nous : mais ils n'eurent aucun égard à fes remontrances. Ils conferverent à la vérité le nombre de leurs Regimens: mais ces Regimens étoient fi foibles , qu'il y manque encore la cinquiéme partie des hommes qu'il faudroit pour les rendre complets. Ainfi par une forte de renverfement , nous fourniffons maintenant un tiers de troupes plus que les Hollandois ; au lieu qu'ils en devroient fournir un tiers plus que nous.

Ajoûtons à cela que plus nous conquerons de Villes pour la Hollande , moins fommes-nous en état de réduire les ennemis , & d'obtenir la paix. Car les Hollandois retiennent une bonne partie de leurs troupes pour les mettre en garnifon , ce qui eft formellement contraire aux conventions : & cet abus eft venu à un tel point , que la Grande-Bretagne feule a fourni cette année plus de troupes, qu'il n'y en avoit

dans

dans toute l'armée commandée par le Duc de Marleborough. L'on fçait d'ailleurs qu'aux batailles d'Hochftet, & de Ramilly, l'armée des Conféderez n'étoit pas de cinquante mille combattans effectifs.

Le Duc de Marleborough ayant forcé les lignes des ennemis & pris Bouchain, avoit refolu de faire hiverner un affez grand nombre de troupes, principalement de Cavalerie, à Lille, à Tournai, à Douay & dans les Villes d'alentour, pour être en état d'alarmer les Provinces voifines, d'empêcher les ennemis de faire leurs magazins, & de les obliger d'affembler leur armée au Printemps au-delà de la Somme. L'execution de ce projet demandoit de gros fonds ; il falloit amaffer du fourage, faire bâtir des écuries, & fournir aux troupes du bois, de la chandelle, &c. La Reine a d'abord confenti à fournir fa part du fourage : mais les Etats ont prétendu enfuite que Sa Majefté devoit auffi entrer dans les autres frais, & elle s'y eft accordée, plûtôt que de voir manquer un projet de cette importance. Nous fçavons cependant que ce projet a manqué ; parce que les Hollandois n'ont voulu confentir à l'execution, que lorfqu'il n'en étoit plus tems.

Il fe peut faire qu'un article du Traité des contributions en ait été la caufe. Car un des principaux avantages que nous aurions tiré de l'execution de ce projet auroit été d'empêcher les ennemis de faire des magazins ; & par le Traité des contributions que les François ont conclu avec les Etats, il eft permis à ceux qui les payent, de tranfporter leurs grains & leurs fourages où bon leur femble. Il paroît donc que les Hollandois ont préferé leur interêt particulier aux avantages de la caufe commune.

Comme nous étions en état de pourfu ivre la guerre avec plus de fuccés fur mer que fur te ire, on conv.

que nous fournirions *cinq huitièmes* des frais; & que
les Hollandois en fourniroient les trois autres; & il
étoit stipulé par le Traité de la Grande-Alliance, que
tout ce que l'Angleterre ou la Hollande pourroient
conquerir dans les Indes Occidentales, demeureroit
à ceux qui s'en feroient rendus maîtres. Nous avions
donc lieu d'esperer que les Etats compenseroient sur
mer les troupes qu'ils ne fournissoient pas sur terre:
mais tout le contraire est arrivé. Car ils n'ont jamais
fourni leur contingent ni d'hommes, ni de vaisseaux:
ou s'ils ont mis quelques Escadres en mer, bien-tôt
elles ont été obligées d'escorter leurs vaisseaux mar-
chands. Nous nous souvenons encore que quand
nous fûmes ici menacez d'une invasion, les Hollandois que nous avions pris pour garands *de la succession,*
firent passer leur contingent dans la Mediterranée,
sans envoyer un seul vaisseau à nôtre secours. Et
l'année passée, lorsque le Chevalier Jacques Wishart
fut envoyé en Hollande, pour remontrer aux Etats
qu'ils ne gardoient pas les conventions qu'ils avoient
faites avec nous par rapport à la marine, ce Chevalier fut receu d'une maniere qui ne convenoit pas à
une République qui a tant d'obligations a l'Angleterre.

Une autre chose qui cause un dommage infini à
l'Angleterre, c'est que les Hollandois sont trop lents
à payer leur part des sommes convenuës. Il arrive
de-là que la Reine se trouve obligée de faire seule
les avances: & si elle n'est pas bien exacte à les faire,
les Alliez ne manquent pas de s'en plaindre. Au mois
de Juillet 1711. la Reine fournit tout ce que l'on devoit au Roi Charles jusqu'au premier de Janvier
1712. Cependant ce Prince n'a pas laissé de lui faire
dire que, si elle ne lui fournissoit pas de plus puissans secours, il seroit obligé de prendre d'autres me-

fures. On fçait d'ailleurs qu'en ce temps-là même il n'avoit pas à fa folde le tiers des troupes qu'il eft obligé d'entretenir ; & que ces troupes même n'étoient ni payées, ni habillées.

Ajoûtons un autre exemple, qui fera voir le peu d'égards que le Roi Charles a pour la Reine. Sa Majefté ayant emprunté deux cens mille livres fterling des Genois, les envoya à Barcelone pour payer l'armée d'Efpagne. Cet argent devoit être changé dans les efpeces courantes en Catalogne, qui à caufe de l'alliage devoient produire vingt-cinq livres par cent de gain. La Reine croyoit profiter de cette fomme qu'elle avoit déja deftinée aux frais de la guerre : mais le Roi Charles n'y voulut pas confentir, & en fit prefent à un de fes Courtifans. Cet incident empêcha pour quelque temps de travailler aux nouvelles efpeces : & comme on reprefentoit au Prince que les troupes mouroient de faim ; il répondit avec fon humanité ordinaire : *Qu'elles crevent.*

Puifque nous parlons de fubfides, il fera bon de faire voir l'idée que les Etrangers fe forment de nos richeffes, & combien ils s'en croyent les maîtres. La Reine étoit convenuë de payer deux cens mille écus par an aux troupes de Pruffe. Les Etats de leur côté devoient fournir cent mille écus, & l'Empereur foixante mille pour des recruës. Mais cette fomme n'a jamais été fournie par Sa Majefté Imperiale. Comme le Prince Eugene paffoit il y a quelque temps par Berlin ; les Miniftres de cette Cour lui firent des plaintes fur ce que l'Empereur ne tenoit pas fa parole. Son Alteffe leur promit que l'Angleterre & la Hollande s'obligeroient à leur fournir dans la fuite foixante & dix mille écus plus que leur contingent ; & que l'Empereur feroit dans la fuite plus exact à payer le fien. Tout cela fut fait fans nô-

rre participation. Les Hollandois n'y voulurent pas
confentir: mais le Miniftre de Pruffe s'étant adreffé à
nôtre Cour pour le payement de la fomme accordée
par le Prince Eugene, obtint que nous fournirions
nôtre part avant même que nous euffions appris quelle
refolution les Hollandois pourroient avoir prife. Il
y a apparence que Sa Majefté Pruffienne ne fe plain-
dra pas à la fin de cette guerre, comme elle fit à la
fin de la précedente, qu'il y avoit vingt mille écus de
moins dans fes coffres, qu'il n'y avoit, lorfqu'elle
avoit commencé.

L'Empereur, comme nous avons déja dit, n'ayant
pas de flotte à entretenir, & étant le plus intereffé à
la guerre, devoit fournir quatre-vingt-dix mille
hommes. Mais cette claufe a été fi mal obfervée,
que depuis le commencement de la guerre jufqu'à
prefent, aucun des deux feus Empereurs n'a mis
enfemble vingt mille hommes en campagne; fi ce
n'eft une feule fois en Italie, dont la conquête leur
tenoit plus au cœur que celle de l'Efpagne ou des
Indes. La Cour Imperiale ne doutant point que nous
ne dûffions nous plaindre de ce qu'elle ne fourniffoit
pas fon contingent, a trouvé qu'il lui étoit moins
coûteux de faire des préfens *à un feul homme*, que
d'entretenir & de payer une armée. Cette Cour a cru
ne pouvoir mettre fes affaires en de meilleures mains,
& devoir nous laiffer le foin de combattre pour elle.

Le peu de confideration de l'Empereur pour fes
Alliez & pour la caufe commune, a paru fur tout au
moment qu'il a vû l'Empire en fûreté. Tout le monde
fçait qu'il auroit pû en plus d'une occafion conclure
une paix honorable avec fes fujets mécontens de Hongrie, s'il n'avoit pas facrifié les interêts des Alliez à
fa paffion, qui le portoit à mettre dans les fers un
pauvre peuple, auquel on n'avoit donné que trop

de fujets de prendre les armes pour fe délivrer de l'op-
preffion fous laquelle il gémiffoit. Mais cette guerre
fervoit de pretexte à l'Empereur pour violer le Traité
qu'il avoit conclu avec nous, & pour envoyer en
Hongrie un corps confiderable de troupes, qui auroient été plus utilement employées contre la
France.

Un autre exemple de l'indifference de l'Empereur
pour les interêts de la caufe commune, eft l'affaire
de Toulon. Le deffein qu'on avoit formé fur cette
place, fut d'abord éventé à Londres par une creature
d'un homme qui étoit en place, & qui eft connu
plûtôt pour un habile joüeur que pour un grand politique. En ce temps là, il s'étoit introduit en Angleterre un commerce honteux & mercenaire de gagner
de l'argent en pariant : & il me fouvient qu'un homme de condition ayant un jour eu la curiofité de s'informer comment alloient les paris fur *la place*, il
trouva des particuliers parfaitement inftruits des fe-
crets du cabinet, que l'on faifoit entrer dans ce commerce. Il eft toûjours certain que le deffein que l'on
avoit fur Toulon, fut d'abord découvert ici par un de
ces parieurs : mais cela n'en auroit pas empêché l'e-
xecution, fi l'Empereur n'avoit pas envoyé en même
temps douze ou quinze mille hommes, pour fe faifir
de Naples. La conquête de ce Royaume le regardoit
de bien plus prés que la prife de Toulon : & on fçait
d'ailleurs que Sa Majefté Imperiale ne fouhaitoit pas
que Toulon tombât entre les mains des Alliez· Il y a
cependant bien de l'apparence, que le deffein fur
Toulon auroit réüffi malgré tous ces contre-temps,
fi le Prince Eugene ne l'eût traverfé. Nous ne devons
pas imputer cette conduite à la mauvaife volonté de
ce Prince, mais à la politique de la Cour de Vienne.
Le Duc de Savoye avoit refolu de combattre les en-

C iij

nemis , au moment que ſes troupes arriveroient i on l'obligea de differer le combat , & pendant ce temps là toute l'armée du Maréchal de Teſſé ſe rendit a Toulon , aprés quoi il fut impoſſible d'executer le deſſein des Alliez contre cette place. Si nous nous en fuſſions rendus maîtres , il eſt certain que nous aurions abſolument ruiné la marine des ennemis.

Mais ce qui montre le mieux l'éloignement que l'Empereur a pour nous . c'eſt la conduite que la Cour de Vienne a tenuë depuis peu de mois à nôtre égard. On avoit cru que la guerre pouſſée avec vigueur du côté de la Savoye , feroit faire diverſion aux ennemis , les bleſſeroit dans l'endroit le plus ſenſible , & faciliteroit le progrés de nos armes en Eſpagne & en Flandre. On propoſa donc au Duc de Savoye de ſe mettre à la tête de cette expedition, & de tâcher de prendre ſes quartiers d'hyver en deça des monts. Pour l'y engager , il étoit néceſſaire de terminer les differens de ce Prince avec l'Empereur, qui refuſoit d'executer quelques articles du Traité conclu avec Son Alteſſe Royale au commencement de la guerre , & dont Nous & les Hollandois ſommes garands. Pour lever cette premiere difficulté, le Comte de Peterborough fut envoyé à Vienne, & il y obtint une partie des choſes que le Duc de Savoye demandoit. Il auroit ſans doute terminé le tout , ſi l'Empereur Joſeph ne fût mort ſur ces entrefaites.

Cela n'empêcha pas le Duc de Savoye de ſe mettre à la tête de ſon armée. Il s'agiſſoit du bien de la cauſe commune: & d'ailleurs ce Prince voyoit qu'il lui étoit impoſſible de terminer entierement ſes differens avec la Cour Imperiale juſqu'à l'élection d'un nouvel Empereur. Il eſt vrai que pour executer le deſſein que l'on avoit projetté , il demanda que cette Cour lui fournît huit mille hommes avant la fin de la campagne. Sur cela Monsieur Wihtworth fut envoyé à Vienne. La Reine l'avoit chargé plûtôt que de laisser échoüer un dessein si important, d'offrir quarante mille livres sterling pour le payement de ces troupes: mais les Ministres Imperiaux declarerent à cet Envoyé qu'il leur étoit impossible d'entrer dans les vuës de la Reine. La guerre de Hongrie étoit alors terminée: ainsi elle ne pouvoit pas leur servir d'excuse. Ils se contenterent d'opposer quelques raisons vagues & generales à la proposition qui leur étoit faite; & aprés bien des délais & des pretextes frivoles, ils refuserent absolument les huit mille hommes, qui auroient cependant plus incommodé la France que n'auroit pû faire une armée considerable d'un autre côté. C'est ainsi que ce dessein a échoüé au grand desavantage des Alliez. Si nous avions empêché les François de faire leurs magazins en Flandre, si nous avions pris des quartiers d'hyver en Dauphiné, nous aurions certainement déconcerté tous les projets des ennemis, & avancé la paix qui paroît encore assez éloignée. Peut-on marquer une seule occasion durant tout le cours de cette guerre où nous ayons traité le moindre de nos Alliez d'une maniere aussi indigne? Nous a-t-on jamais vû, sous prétexte que nous ne le pouvions pas, ou que nous n'y étions pas obligez, nous a-t-on jamais vû rien refuser aux Alliez lorsqu'il s'est agi de la cause commune, même dans le temps que l'Angleterre étoit menacée d'une invasion.

Lorsque le Portugal entra dans la grande Alliance, il fut stipulé que l'Empire, l'Angleterre & la Hollande entretiendroient chacun quatre mille hommes dans ce Royaume; & que ces trois Puis-

fances payeroient un million de patacons pour l'entretien de vingt - huit mille Portugais : c'étoit
quarante mille hommes qui devoient former l'armée des Confédérez en Portugal. Le Traité
fut ratifié par les trois Puiffances , qui s'y étoient
engagées : mais peu de temps aprés l'Empereur
ayant déclaré qu'il n'étoit pas en état de fournir fon
contingent, nous fûmes obligez de nous charger
de fon tiers de troupes , auffi bien que de fon tiers
des fommes ftipulées pour l'entretien des troupes
Portugaifes. Ce n'eft pas tout : les Hollandois ayant
envoyé en Portugal leur contingent de quatre mille hommes , ce qu'ils n'ont fait qu'aprés que nous
y en avons envoyé huit mille , ils n'ont jamais re-
cruté ces troupes. Car en 1706. les Portugais , les
Anglois & les Hollandois étant commandez par le
Comte de Gallowai , ce grand General les fit
marcher d'abord en Caftille, & de-là il fut obligé
de fe retirer en Valence. L'armée fe trouvant ainfi
ruïnée , il fallut en lever une autre en Portugal ,
où la Reine a augmenté fon contingent jufqu'au
nombre de dix mille cinq cens hommes. Mais en
fix années de temps les Hollandois n'y ont pas envoyé un feul homme , ni fourni un feul denier des
fommes dont ils étoient convenus.

L'armée d'Efpagne en Catalogne eft ou doit être
d'environ cinquante mille hommes , fans y comprendre les Portugais. Toute cette armée eft entretenuë aux frais de la Reine. Il n'y en a que fept
Bataillons & quatorze Efcadrons de Hollandois &
de Palatins qui ne foient pas à nôtre paye : & de
ces derniers mêmes , nous en entretenons quinze
cens. Je ne parle pas ici des fubfides que nous fourniffons au Roy Charles pour l'entretien de fa Cour,
ni des troupes que nous ayons à Gibraltar. L'on

sçait les sommes immenses qu'il nous a coûté pour transporter les troupes & les recruës Imperiales de Gennes à Barcelône. Nous avons même été obligez de les faire à nos dépens ces recruës, & d'acheter bien cher des chevaux qui souvent ne valoient pas les frais du transport. Mais ç'a été la destinée de nôtre flotte pendant toute cette guerre, d'être occupée à transporter des troupes, au lieu de faire quelque entreprise pour le bien de la nation & de nôtre commerce.

Nous avons déja conquis toute la Baviere, Ulme, Ausbourg, Landau & une partie de l'Alsace pour l'Empereur. Les troupes que nous avons fournies, les armées que nous avons payées, les diversions que nous avons fait faire aux ennemis, ont contribué à la conquête du Milanez, de Mantouë & de la Mirandole, & au recouvrement du Duché de Modene. Le feu Empereur sçût remplir ses coffres des sommes qu'il tira de ces pays conquis: mais il n'augmenta pas pour cela ses troupes contre la France.

Dans le Traité qui regle *la Barriere*, il est stipulé que les Villes qui n'étoient point de la domination Espagnole au temps de la mort du feu Roi d'Espagne, & qui seront conquises sur la France, appartiendront en toute souveraineté aux Etats Generaux, & qu'ils auront le commandement militaire des plus considérables des autres places. Par-là ils sont aujourd'huy les maîtres absolus de la Flandre, & ils ont sçû si bien profiter de cet avantage, conjointement avec nôtre General, que ces Provinces se trouvent plus opprimées qu'elles ne le furent jamais.

Les autres Princes nos Confédérez ont imité l'exemple de nos deux principaux Alliez Sept Regimens Portugais après la bataille d'Almanza s'étant retirez en Catalogne avec le debris de l'armée

Le Roy de Portugal déclara qu'il ne pourroit pas les payer tandis qu'ils feroient hors de fes Etats. La Reine les prit donc à fa folde ; à condition toutefois que fa Majefté Portugaife en entretiendroit un pareil nombre en Portugal : ce Prince accepta la condition, qu'il n'a jamais executée. Cependant les fommes reglées lui ont été fournies par Mylord Godolfin pendant quatres années entieres, fans en rien déduire pour l'entretien de ces Regimens ; quoique le feptiéme article de l'Alliance offenfive porte expreffément que la Reine retranchera de ces fommes à proportion que le Roi de Portugal diminuera le nombre des troupes qu'il eft obligé d'entretenir. Quelles que foient les raifons qui ont engagé Milord Godolfin à tenir cette conduite, & à faire fervir les deniers publics à des fins particulieres ; il faut que ces raifons foient au deffus de la portée du Treforier d'apréfent : car il a eu affez peu de ménagement pour refufer au Portugal le payement de ces fommes de furcroift. Mais la Cour de Lifbonne fe voyant privée de ce fecours, a trouvé moyen de s'en dédommager en augmentant le prix du fourrage : de forte que nous fommes obligez ou de diminuer le nombre de nos troupes, ou de dépenfer le double pour leur entretien. Il eft certain pourtant que la recolte n'a jamais été plus abondante en Portugal, que cette année.

Les Portugais ont auffi mis des impôts fur les habits que nous tranfportons pour les troupes, qui font employées depuis fi long-temps à leur défenfe, & dont l'exemple auroit dû, & leur infpirer du courage, & leur apprendre la difcipline militaire, s'ils en avoient été capables.

Pour augmenter nos troupes tous les ans à proportion que ceux pour qui nous combattons, di-

minuoient les leurs, il nous a fallu prendre à nôtre folde des troupes de differens Princes de l'Empire. Les Miniftres & les Refidens de ces Princes
n'ont ceffé de nous fatiguer par des demandes déraifonnables, prefque toûjours en nous menaçant
que leurs maîtres feroient oblig z de rappeller
leurs troupes. Ces menaces embaraffoient d'autant
plus nos derniers Miniftres, qu'ils craignoient *de mé-
contenter les Hollandois.* Cependant les Princes de
l'Empire ne fourniffoient pas leur contingent à l'Empereur, fous prétexte que nous avions déja engagé toutes les troupes qu'ils pouvoient fournir.

Si je n'ay rien avancé que de vray dans cet
Ecrit; fi nous nous fommes engagez dans cette
guerre contre toute forte de raifons ; fi aprés
des fuccez que nous ne devions pas naturellement
attendre, nous n'avons tiré aucun avantage de la
guerre ; fi nous avons conclu des Traitez préjudi-
ciables à nos interêts, uniquement avantageux à
nos Alliez ; fi dans le temps même que nous con-
quérions des Villes, des Provinces, des Royaumes
pour eux, nous avons fouffert qu'ils ayent violé
toutes les conventions qu'ils avoient faites avec
nous, & qu'ils nous ayent traité de la maniere du
monde la plus indigne, fi nous avons confumé toutes nos forces en attaquant les ennemis, où ils
étoient les plus forts. (Car *attaquer la France,*
c'eft, difoit le vieux Duc de Schomberg, *prendre*
un taureau par les cornes.) Si nous n'avons fait
aucun effort du côté où nous pouvions continuer
la guerre à nôtre avantage, ou la finir à nôtre honneur : fi, dis-je, tout cela eft vray, je demande
pourquoi nous nous fommes faits les dupes & le
joüet de l'Europe. Dira-t'on que c'eft l'effet d'une
ftupidité propre du froid climat où nous vivons ?

Non : ceux de nos Alliez dont nous avons le plus de fujet de nous plaindre , habitent un climat encore plus froid que le nôtre.

Au refte, fi en expofant les vraies caufes de nos miferes, je dis mon fentiment avec liberté ; je ne me crois pas obligé de faire fur cela mon apologie. Le moins qu'il en doive coûter à ceux qui ont été les inftrumens de nos maux , c'eft de perdre leur reputation : Il femble , en effet, que c'eft dequoi ils fe mettent le moins en peine. Je ne leur fais donc aucune injuftice en les peignant au naturel : La Nation fera bien-aife de connoître ceux qui l'ont fi long-temps & fi groffierement trompée ; & elle ne confiera plus fa fureté à des perfonnes fi corrompuës.

J'ai déja remarqué que quand on délibera fur cette guerre du temps du feu Roy . Mylord Godolfin y fut fi contraire , qu'il aima mieux quitter fes Emplois & fe retirer de la Cour que d'y confentir. Peu de temps aprés la mort du Roy, ce Seigneur changea de fentiment : car la face des affaires par rapport à luy étoit tout à fait changée. Il avoit contracté une étroite alliance avec une Famille, qui étoit en crédit auprés de la Reine. Sa Majefté lui avoit deftiné le bâton de Tréforier , le Duc devoit commander l'Armée , la Ducheffe par fon Emploi devoit toûjours être auprés de la Perfonne de la Reine : Par là tout le pouvoir tant au-dedans qu'au-dehors du Royaume étoit entre les mains de cette feule Famille. Qu'il eft difficile à des ames intereffées & ambitieufes de réfifter à de pareils charmes ! Par un Traité fait avec les Hollandois depuis la *Grande Alliance* , nous nous fommes obligez de leur fournir quarante mille hommes , tous fous le commandement du Duc de Marleborough. C'eft-à-dire , que nous avons entrepris la guerre pour agrandir une Famille particuliére, guerre de Général & des Miniſtres, plûtôt que la guerre du Roy & du Peuple. En effet, ceux-là mêmes qui ſont aujourd'hui les plus ardens à la continuer, ont été les plus oppoſez à l'entreprendre, lorſqu'ils voyoient tout le pouvoir, & par conſequent tout le profit de la guerre en d'autres mains que les leurs.

Ceux que nous appellons ici, *les Gens aiſez*, qui ayant des fonds devant eux, ont amaſſé des biens immenſes, en prêtant à interêt, entrerent dans les vûës des Miniſtres. Il ne faut pas s'en étonner : ces ſortes de gens trouvent leur compte dans la guerre, au lieu que leur infame trafic tombe en temps de Paix.

J'ai déja dit combien nous avons été ſurchargez par les Hollandois ; j'ay fait voir les ſommes énormes que nous payons aux autres Alliez ; comment ſe peut-il faire que dans le temps même que la Nation eſt ainſi épuiſée, le Général ſeul ſe trouve ſi riche ? C'eſt, comme ſes amis même en conviennent, que l'amour des richeſſes a toûjours été ſa paſſion dominante, mais je veux bien paſſer ſous ſilence tout ce qui lui eſt perſonnel. Ainſi je ne parlerai point des preſens qu'il reçoit de pluſieurs Princes, & que nos ſoldats ont coûtume d'appeller *ſon fourrage d'hyver*, lequel ſouvent lui a valu plus que ce qu'il tiroit d'une campagne faite en Flandre. Je ne parlerai point de ce qu'il a deux & demi pour cent ſur les ſommes que nous fourniſſons à nos Alliez, ce qui fait un fonds trés-conſidérable. Je ne dirai rien du caſuel qu'il tire d'une longue & heureuſe guerre, & qui ſe partage de bonne amitié entre luy & les Hollandois.

La guerre étant donc engagée de la maniere que

nous l'avons dit , quelques incidens en rendirent
la continuation neceſſaire à ceux qui en avoient été
les Auteurs. En ce temps-là les *Wighs* n'avoient
aucun crédit à la Cour. Les Favoris avoient toûjours fait profeſſion du *Thoriſme* ; & l'avoient porté auſſi loin que nôtre Gouvernement le peut permettre. Les autres perſonnes qui étoient dans les
Charges , portoient hautement les interêts de l'*E-
gliſe Anglicanne*. Ces derniers dont pluſieurs
étoient gens de merite & de qualité , ſupportoient
avec peine l'inſolence , l'avarice & l'ambition des
Favoris : Ils ne pouvoient ſouffrir qu'ils fuſſent les
ſeuls diſpenſateurs des graces de la Reine. Mais
leur oppoſition ne leur ſervit de rien : Ils eurent à
faire à une puiſſance trop redoutable , qui en peu
de temps les écraſa.

Les Favoris cependant prévoyant qu'ils ne pourroient jamais joüir tranquillement de leur uſurpa-
tion tandis qu'il y auroit des Gens à la Cour dont
le merite égaloit au moins le leur, tâcherent de gagner les *Wighs* , & ceux-ci écouterent volontiers
les propoſitions qui leur furent faites : & là commença la *fameuſe Ligue* que l'on a entretenuë depuis avec tant de ſoin. Ceux qui trafiquoient en
argent étoient entierement dévoüez au parti des
Wighs , auſquels ils devoient leur établiſſement.
L'Armée , la Cour, & le Tréſor étoient toûjours
ſous l'ancienGouvernement *Deſpotique* desFavoris,
Les *Wighs* furent reçûs dans les Emplois publics ;
& on leur laiſſa le ſoin de ménager le Parlemént ,
de décrier les rentes ſur les terres , & d'opprimer
l'Egliſe. Nos Alliez cependant convaincus que ce
Gouvernement artificiel ne pourroit être de longue
durée, reſolurent d'en profiter. Les avantages que
le Général avoit remportez en Flandre ayant aug-

menté fon crédit & fa réputation , les Hollandois s'en prévalurent , & contre la foi des Traitez , ils commencèrent à nous furcharger, en dimimuant d'abord leur contingent , en retenant leurs troupes pour la garde des villes que nous avions prifes pour eux , fans les remplacer par d'autres , &c. Il nous fallut diffimuler toutes ces contraventions , parce que le Général y trouvoit fon compte , parce que ceux qui avoient entre leurs mains tout l'argent , fouhaittoient la continuation de la guerre , parce que l'autorité des *Wighs* n'étoit point encore affez bien établie , enfin parce que la neceffité prétendue de fe fervir de quelques perfonnes particulieres ne fubfifteroit pas en temps de Paix. Il eft inutile de dire ici que l'Empereur & quelques autres Princes fuivirent l'exemple des Hollandois , & qu'ils y réüffirent auffi bien qu'eux.

J'ai imputé ici la continuation de la guerre , à la bonne intelligence qu'il y avoit entre nôtre Général & nos Alliez, qui tous y trouvoient leur compte. Je l'ai imp ée à la crainte qu'avoient les gens d'affaires de voir leurs Bureaux inutiles , aux menées fecretes des *Wighs* , qui apprehendoient de perdre leur credit & leurs Emplois pendant la paix. Je l'ai imputée à ceux qui fe trouvant en place & en faveur , fe croyoient neceffaires au Gouvernement, tandis que la guerre dureroit. On demeurera convaincu de la verité de tout ceci en confiderant avec quelle union , avec quel concert ces différens partis ont agi pour parvenir à la fin qu'ils s'étoient propofée.

Lorfqu'il fut arrêté dans la Chambre des Seigneurs qu'on ne feroit point la paix que l'Efpagne ne fût reftituée à la maifon d'Autriche , le Comte de W — N dit tout haut qu'il étoit à la verité impoſſible de recouvrer l'Eſpagné, mais qu'il y avoit *de bonnes raiſons* pour qu'une telle reſolution paſſât: & ces *raiſons* n'avoient pas beſoin de Commentaires. Car le Général & le Miniſtere ayant rejetté les propoſitions avantageuſes de Paix que fit la France aprés la bataille de Ramilly, furent obligez de faire entrer dans cette affaire certains hommes, qui en ſe chargeant de tout l'odieux de ce refus, mettroient le Général & le Miniſtere à couvert. Et en effet, à la mort du Prince de Dannemark, les principaux d'entre-eux furent pourvûs de Charges conſiderables.

La Reine cependant paroiſſoit ſe laſſer de la tyrannie de ces ſerviteurs ingrats, qui devenoient inſolens à proportion qu'ils s'engraiſſoient. L'Empereur & les Hollandois au dehors, & nos Gens d'affaires au-dedans du Royaume en furent d'abord allarmez. Ils s'adreſſerent directement à ſa Majeſté, & par des Envoyez, & par des Memoires qu'on lui faiſoit preſenter, pour l'obliger ſurtout à ne point changer ſon Secretaire & ſon Tréſorier. Ces Officiers pour les raiſons même, qu'on apportoit de les continuer dans leurs Charges, n'auroient jamais dû y entrer; puiſqu'ils ont ſacrifié les interêts de la Patrie à des Princes, qui à leur tour ont dû faire leur poſſible, pour les maintenir dans l'Emploi.

Il eſt donc évident qu'il y avoit une conſpiration générale pour continuer la guerre, & cette conſpiration étoit fondée ſur l'interêt & ſur l'ambition de ceux qui l'avoient fait entreprendre. Je ne ſuis pas ſurpris que cette conſpiration de perſonnes ſi bien unies ait duré ſi long-temps: je m'étonne au contraire qu'on l'ait pû diſſiper. La prudence, le courage, & la fermeté que ſa Majeſté a témoigné en changeant le Miniſtere, feroient ſans doute, ſi on en fçavoit toutes les circonftances , un des plus beaux endroits de fa vie. Mais je fuis perfuadé que le choix qu'elle a fait des hommes éclairez , habiles , courageux qui rempliflent aujourd hui ces premieres Charges , fait autant admirer fa fageffe que fes autres qualitez.

Quelques perfonnes voudroient diminuer le merite de tout ceci en difant que l'ingratitude , l'infolence & la tyrannie des Favoris étoient devenuës enfin infupportables à la Reine. On ajoûte que fa Majefté étoit continuellement obfedée de ces hommes importuns , qui lui avoient comme declaré la guerre , & qui la lui ont fait furtout à Windfor ; où s'étant rendus maîtres de tous les dehors, ils s'emparerent enfin du Château même , & obligerent la Reine de fe retirer dans une chaumiere voifine *qu'elle aima mieux habiter* , comme dit Salomon , *que de demeurer avec une femme querelleufe & colere.* Tant de mauvais traitemens , dit-on , étoient capables de revolter l'efprit le plus doux. On avoüe que les Favoris n'étoient point affez politiques : mais on prétend qu'il ne faut pas être furpris que la Reine ainfi pouffée à bout, ait enfin pris la refolution de les renvoyer.

Pour moi , je fuis d'un autre fentiment , & je trouve que les Favoris ont agi confequemment & felon les regles de la politique. Car rien n'eft plus capable de dompter les plus grands courages, qu'un enchaînement continué d'oppreffions. Une injure doit être foûtenuë par une autre, & celle-ci par une troifiéme.

C'eft ainfi que les Maires du Palais devinrent autrefois les maîtres en France. C'eft ainfi qu'un General qui ne l'eft que fous le bon plaifir de la Reine pourroit devenir Général pour toute fa vie, & qu'un

D

tel Général pourroit bien-tôt devenir Roy. Il y a donc lieu de s'étonner que fa Majefté ainfi affiegée de toute part, ait eu la force de fe mettre en liberté.

J'ai rapporté les vrayes caufes, quoique déguifée. fous des fpecieux prétextes, de la continuation de la guerre : qu'il me foit permis maintenant de raifonner un peu avec ceux qui s'oppofent à toute paix, fi ce n'eft à celle qu'ils appellent une *bonne Paix*, & qui fuppofent que la paix ne peut être *bonne*, que l'Efpagne ne foit reftituée à la Maifon d'Autriche. Ce que j'ai à dire fur ce fujet, ne fera pas grand effet fur l'efprit de ceux que l'interêt particulier engage à fouhaiter la continuation de la guerre, tels que font nôtre Général, nos Alliez, les derniers Favoris, les Gens d'affaires qui trafiquent en argent en le prêtant à interêt, les politiques factieux qui voudroient renverfer la forme de nôtre Gouvernement, tant par rapport à l'Eglife, que par rapport à l'Etat. Je n'adrefferai donc ici la parole à aucun de ces gens. Je n'écris que pour ceux, foit Wighs, foit Torys, qui trouvent leur interêt particulier dans le bien public de la nation; & j'ofe dire que s'il y en a parmi eux qui fouhaitent la continuation de la guerre, jufqu'à ce que le Roy Charles devienne paifible poffeffeur de la Monarchie d'Efpagne, j'ofe dire que c'eft faute d'avoir affez confideré l'état des affaires.

Car en premier lieu il faut remarquer que la refolution prife de ne jamais faire la Paix que l'Efpagne ne fût reftituée à la Maifon d'Autriche, eft un nouvel incident qui n'entre pas dans la premiere querelle. Il y a été ajoûté par les intrigues d'une faction affez puiffante, pour le faire paffer dans les deux Chambres du Parlement, & qui trouvoit fon interêt à continuer la guerre. Comme une telle re-

solution est tout-à-fait opposée à la conduite des
Princes & des Etats, qui se gouvernent par des
principes d'équité & d'honneur, aussi est-elle tout-
à-fait opposée à la prudence & à la justice. Je pour-
rois ajoûter, que c'est une sorte d'impieté de se croire maître des évenemens qui ne dépendent que de
Dieu seul. Les plaintes que Nous & les Etats faisons
contre la France, sont déduites au long dans nos
Declarations de Guerre, & nos prétentions sont
specifiées dans le huitiéme article de la *Grande-Alliance*. Il n'y est dit nulle part que l'Espagne sera
restituée à la Maison d'Autriche avant qu'on traite
de la Paix. Comme j'ai déja donné un Extrait de ces
deux Declarations de Guerre, j'ajoûterai ici la tra-
duction du huitiéme Article de la Grande-Alliance :
cet Article levera toutes les difficultez.

HUITIÉME ARTICLE
de la Grande-Alliance.

*Quand la guerre sera une fois entreprise, il ne sera
permis à aucun des Interressez d'entrer en Traité
de Paix avec les Ennemis, que conjointement & de
concert avec les autres. La paix ne sera concluë,
qu'aprés avoir obtenu une satisfaction convenable à
Sa Majesté Imperiale, à Sa Majesté Royale de la
Grande Bretagne, & une sureté particuliere aux
Etats Généraux, pour tous leurs Etats, Provinces,
Droits, pour leurs Navigation & Commerce : &
qu'aprés s'être suffisamment assuré, que les Royaumes
de France & d'Espagne ne seront jamais unis sous le
Gouvernement d'un seul Prince ; ou que le même Prince ne sera jamais Roy des deux Royaumes : Et parti-
culierement que les François ne possederont jamais les
Indes Occidentales, & qu'ils n'y auront pas la liber-*

té de la navigation pour leur Commerce, sous quel-
que prétexte que ce puisse être, ni directement, ni in-
directement ; si ce n'est qu'il soit stipulé que les Sujets
de la Grande Bretagne, & ceux de la Hollande au-
ront plein pouvoir de joüir des mêmes Priviléges,
Droits, Immunitez & Libertez du Commerce par
Terre & par Mer, en Espagne, dans la Mediter-
ranée, dans toutes les Places, dans tous les Pays dont
le feu Roy d'Espagne étoit en possession au temps de sa
mort, tant en Europe qu'ailleurs, dont ils joüissoient
avant son decés, ou dont les Sujets des deux Nations,
ou de chacune en particulier pouvoient joüir ; en ver-
tu de quelque droit obtenu avant la mort dudit Roy
d'Espagne, soit par Traitez, Conventions, &c.

Nous voyons ici que les demandes sur lesquelles
les Alliez doivent insister à un Traité de Paix sont ;
Premierement, une satisfaction raisonnable à l'Empereur & au Roy de la Grande Bretagne; Secondement, une sureté aux Hollandois pour leurs Etats,
&c. Troisiémement, une assurance que les Royaumes de France & d'Espagne ne seront jamais unis
sous le même Prince. Le reste de cet article ne regarde que nôtre commerce & celui des Hollandois :
il n'est dit nulle part qu'il faille déposseder le Duc
d'Anjou.

Mais pour entendre comment ce nouveau langage
de ne point faire la paix sans l'Espagne, a commencé, & comment il a prévalu parmi nous, il est necessaire de reprendre les choses de plus haut.

Le Traité de partage fut cause du Testament en
faveur du Duc d'Anjou : car les Espagnols qui ne
vouloient pas démembrer leur Monarchie, aimerent
mieux la ceder à un Prince, qui se trouvoit soûtenu
par toutes les forces de la France, que de la donner à un autre, qui n'avoit pour soûtien que des

Confederez , lefquels en avoient déja difpofé à leur gré.

C'eft ainfi que le Duc d'Anjou entra en pleine pof-feffion de tous les Royaumes & de tous les Etats qui dépendoient de la Monarchie Efpagnole , tant en l'ancien monde qu'au nouveau. Et malgré tout ce que la Maifon d'Autriche nous repréfenta alors , il eft certain que les Efpagnols panchoient du côté du Duc.

Quoiqu'il en foit , on fe détermina à la guerre ; & pour la pouffer avec plus de vigueur , on conclut le Traité de la *Grande-Alliance* , où toutes nos pré-tentions font diftinctement exprimées. Il a plû à Dieu de benir nos armes pendant tout le cours de cette guerre : ce qui nous a mis en état de demander & d'attendre des conditions de paix, telles que nous nous les fommes propofées. Mais au lieu de nous borner à ces conditions, nos Victoires n'ont fervi qu'à nous faire entrer dans des projets tout-à-fait bizarres. Ceux qui trouvoient leur interêt à conti-nuer la guerre , tirant avantage de cette humeur hautaine que tant de fuccés avoient infpiré à la Na-tion, lui ont propofé de nouveaux projets, & l'ont engagée à abandonner fes anciennes prétentions , qui étoient fi fages & fi raifonnables.

Tout cela n'eft arrivé que par l'artifice de ceux qui étoient furs de s'enrichir , à proportion que l'E-tat deviendroit pauvre ; & qui aprés la réfolution que le Parlement avoit prife, pouvoient continuer la guerre à leur propre avantage , jufqu'à ce qu'on eût engagé les taxes fur le *Malt* & fur les Terres, qu'on eût établi une *Excife* générale , & qu'on eût enfin été obligé d'employer les troupes pour lever le dixiéme denier. C'eft-là en effet ce qui convient à leur interêt.

D iij

La Maiſon d'Autriche eut raiſon d'approuver ce ſyſtême, parce que tout ce que les autres pourroient conquerir en expoſant leurs vies & en épuiſant leurs Etats, devoit être ajoûté aux Etats de cette Maiſon, qui ne faiſoit que leur prêter ſon nom.

Les Hollandois auroient eu peut-être de la peine à ſoûtenir de leur côté tout le poids d'une ſi longue guerre : mais on y pourvût par le Traité conclu avec eux pour regler *la Barriere*. Je ne m'étendray point icy ſur ce Traité : mais j'aurai peut-être occaſion de le faire dans un autre écrit.

Par ce Traité l'état de la guerre fut abſolument changé par rapport aux Hollandois. Ils n'ont plus combattu pour leur ſeureté, mais pour l'agrandiſſement de leurs Etats ; & nous au lieu de nous borner comme auparavant à les maintenir, nous nous ſommes ruinez pour les rendre formidables.

Croit-on de bonne foy que ſi nous nous fuſſions contentez de ces conditions de Paix, qui étoient le but de la Grande-Alliance ? Croit-on que la France ne les eût pas accordées au Traité de Gertrudemberg ? Elle nous offrit alors des conditions ſi avantageuſes, que nous n'avions pû en eſperer de pareilles au commencement de la guerre. La France avoit raiſon de les offrir, & nous avions auſſi raiſon de les demander ; puiſque les conditions de Paix dépendent des evenemens de la guerre : mais en exigeant des conditions de Paix, il y a des meſures à garder. Ceux qui loüent tant la conduite de nos Plenipotentiaires à Gertrudemberg, inſiſtent principalement ſur le zele & la patience qu'ils firent paroître pour engager les François de condeſcendre à leurs demandes : mais ils ne diſent rien pour juſtifier les demandes même, ni pour montrer la vrai-ſemblance qu'il y avoit que la France dût les accorder. Quelques-uns des articles préliminaires étoient ſi extravagans, que quand même nous aurions fait la guerre avec ſuccés pendant quarante ans, je doute que la France les eût accordez. Il y en a un, qui choque le bon ſens & la raiſon.

Il y eſt dit que la France ſera obligée de livrer dans un mois pluſieurs de ſes plus fortes places, & que cependant les Confederez ſeront en droit de luy demander telles autres conditions qu'ils jugeront à propos: Ces articles furent ſignez fort ſerieuſement par nos Plenipotentiaires & par ceux de Hollande: mais non par les François, dont ils devoient cependant être ſignez auſſi, pour être regardez comme quelque choſe de ſerieux. Cependant le Secretaire de l'Ambaſſade apporta pompeuſement ces articles à Londres, & les Miniſtres engagerent la Reine à les ratifier en cet état. Abſurdité manifeſte: car telle eſt la forme des ratifications: *Comme nos Miniſtres, ceux des Alliez & ceux des Ennemis ont ſigné,* &c. *Nous ratifions,* &c. Celuy qui apporta ces articles, diſoit par tout (peut-être le croioit-il) que c'étoit dommage que nous n'euſſions pas demandé plus à la France; car elle étoit reſoluë, diſoit-il, de ne nous rien refuſer pour avoir la Paix. Un de nos Plenipotentiaires paroiſſoit ſurtout mortifié, de ce qu'on s'étoit contenté de ſi peu de choſe, pour aſſurer l'Empire ſur le Haut-Rhin.

Où pouvoient tendre toutes ces grimaces, ſinon à amuſer le peuple, & à faire trouver de nouveaux fonds ? J'ay trop d'idée de l'habileté de

D iiij

ceux qui furent employez dans cette negociation, pour croire qu'ils s'y soient proposé une autre fin que de prolonger la guerre. En effet, en suppofant que ce fut là leur unique vûë, je ferai voir que leur conduite ne se démentit point, & fans cela je maintiens qu'elle ne peut jamais être juftifiée : car ceux qui infifterent fur des demandes fi déraifonnables, pouvoient-ils de bonne foy efperer de conclure la Paix ? Croioient-ils qu'il fut plus utile à l'Angleterre de continuer la guerre, que de fe relâcher fur une feule de ces conditions ? La moindre de ces conditions étoit elle plus avantageufe à la nation que fix millions de livres fterling qu'elle employe tous les ans à faire la guerre, & que la vie de cent mille hommes qu'elle expofe ? N'y avoit il point d'autres moyens de pourvoir à la fureté de la Grande-Bretagne & de fon commerce ; qu'en obligeant le Roy de France de tourner fes Armes contre l'Efpagne, pour en chaffer fon petit-fils ? Si ces habiles politiques avoient tant à cœur la liberté du Commerce, qui leur avoit fervi de prétexte pour commencer & continuer la guerre, pourquoi le négligerent-ils dans les articles préliminaires, ou tout ce qui regardoit l'avantage des Hollandois & des autres Alliez étoit expreffement reglé ? Mais ce qui nous regardoit étoit renvoyé à un Traité general. On ne regla point de Tarif avec la France & les Pays Bas : il étoit feulement dit que l'Efcaut demeureroit fermé, ce qui ruine nôtre commerce avec Anvers, nôtre Commerce avec l'Efpagne fut auffi renvoyé à un Traité general.

On prétendra peut être que cela ne pouvoit pas avoir de fâcheufes confequences pour nous ; puifque cette Monarchie devoit être restituée à la Maison d'Autriche, & que nous avions déja conclu un Traité avec le Roy Charles. Il est vrai que j'ay entendu parler d'un Traité fait par Monsieur Stanhop avec ce Prince, pour régler nôtre commerce avec l'Espagne : mais quelque soit ce Traité, nous en avons conclu un autre avec les Hollandois, c'est celuy qui régle *la Barriere*, où l'on a inseré une clause qui rend communs à la Hollande tous les Privileges accordez à l'Angleterre.

Une autre chose que ceux qui sont contraires à *la Paix sans l'Espagne* ; ainsi qu'on parle parmi nous, n'ont jamais bien consiferée ; c'est que la face des affaires a bien changé en Europe depuis la mort de l'Empereur. Les interêts de plusieurs Princes & Etats engagez dans l'Alliance; ne sont plus les mêmes, & je suis persuadé qu'il en est ainsi des nôtres. Nous avons déja fait une bevûë, en ne pas acceptant la Paix dans le tems que les affaires étoient sur l'ancien pied : nous devons craindre d'en faire une autre aujourd'huy que la situation des choses est differente.

Il nous est sans doute plus avantageux de voir un Prince de la Maison d'Autriche sur le Trône d'Espagne, que d'y en voir un de la Maison de Bourbon. Mais de voir l'Empire & la Monarchie d'Espagne unis sous le même Prince, c'est ce qui nous seroit trés-préjudiciable, & ce qui est directement opposé à ce principe si sage, sur lequel est fondé le huitieme article de la Grande-Alliance,

L'Angleterre, la Hollande & le Portugal craignoient tant cette union, que par le vingt-cinquieme article de l'Alliance offensive, Sa Majesté Portugaise ne devoit point reconnoître l'Archiduc pour Roy d'Espagne, jusqu'à ce que le feu Empereur eut cedé à Charles toute cette Monarchie.

L'on dira peut-être que vû le caractere indolent des Princes de la Maison d'Austriche, la mauvaise œconomie de leur gouvernement, le manque de forces maritimes, l'éloignement des pays dont ils font les Maîtres, un Empereur quoi qu'en même temps Roy d'Espagne, ne pourroit pas nous devenir formidable; qu'il feroit au contraire obligé de dépendre toûjours de la Grande-Bretagne; & qu'ainsi les avantages que nous pourrions tirer du commerce dans un temps de Paix, nous dédommageroient en peu de temps de toutes les dépenses que nous aurions faites pendant la guerre.

Pour repondre à cette Objection, supposons que dans ce fysteme on pût parvenir à la Paix, où en ferions nous reduits, avant que nous l'eussions obtenuë? Non feulement nous nous trouverions encore plus pauvres que nous ne fommes, pour quelques années; mais la neceffité de nous engager de plus en plus, nous reduiroit à la mendicité pour plufieurs fiecles. Or que l'on compare le miferable état où nous ferions, à toute la puiffance d'un Prince qui uniroit en fa perfonne l'Empire & la Monarchie d'Espagne, il eft aifé de voir qu'un tel Prince n'auroit alors rien à craindre, ni rien à efperer de la Grande-Bretagne.

La comparaifon ne fe fait point icy d'un Prince de la Maifon d'Autriche qui feroit en même temps Empereur & Roy d'Efpagne, avec un Prince de la Maifon de Bourbon qui feroit en même temps Roy de France & Roy d'Efpagne; mais d'un Prince de la Maifon de Bourbon, qui feroit feulement Roy d'Efpagne, avec un Prince de la Maifon d'Autriche qui uniroit tout à la fois l'Empire & l'Efpagne en fa perfonne.

Quels retours de gratitude devrions nous efperer, lors qu'on n'auroit plus befoin de nous ? A-t'on jamais regardé ce que nous avons fait pour la Maifon Imperiale, comme une faveur ? N'a-t'on pas fuppofé que tout cela étoit dû à *l'Auguftiffima Cafa* ?

La Maifon d'Autriche rendra-t'elle le moindre pouce de terre, la moindre prérogative qu'elle s'eft ufurpée, pour raffurer les Princes nos Alliez qui font allarmez du changement caufé par la mort du feu Empereur ? C'eft ce qu'il ne faut point efperer : croyons-nous donc que ces Princes qui redoutent autant la puiffance de la Maifon d'Autriche que celle de la Maifon de Bourbon, croyons-nous que ces Princes refteront dans l'Alliance, lorfqu'ils verront les chofes fur tout un autre pied qu'elles n'étoient, quand ils s'y font engagez ? A quoy doit s'attendre, par exemple, le Duc de Savoye dans de telles circonftances ? Il ne peut choifir que d'être, ou dépendant de la France, ou Vaffal en toute maniere de la Cour Imperiale. Des deux maux ne choifira-t'il pas le moindre ; en fe foûmettant à un Maître qui n'a point de prétentions immediates fur fes États, & à la famille duquel il eft fi étroitement lié, plûtôt que de fe mettre à la difcretion d'un autre, qui a déja fait revivre plufieurs prétentions fur fes Etats, & qui le menace tous les jours d'en faire revivre d'autres ?

Quoy qu'en difent aujourd'huy les Hollandois, ils font autant oppofez que les autres Princes de l'Europe à l'union de l'Empire & de l'Efpagne ſous le Roy Charles. Et on ſçait d'ailleurs qu'à la mort du feu Empereur Joſeph, les Etats Generaux reſolurent *de ne point ſouffrir que les deux Puiſſances fuſſent jamais réünies ſous le même Prince.* C'eſt ce qui fut alors arreſté par eux comme une maxime fondamentale, & en effet ils ont depuis ce temps-là tout à fait abandonné l'Eſpagne. N'entretenant plus de troupes dans ce Royaume, ne ſemblent-ils pas reconnoître le Duc d'Anjou pour le Monarque legitime?

Si ceux qui ſont oppoſez à la Paix *ſans l'Eſpagne,* vouloient bien reflechir ſur l'état preſent de la nation, ils changeroient aſſurement de penſée, en voyant que l'interêt public n'eſt point de continuer la guerre.

Deux raiſons m'ont empêché de publier plûtôt cet écrit, j'étois bien aiſe premierement que d'autres traitaſſent le même ſujet avant moy, comme ils l'auroient pû faire du moins en general: car j'ay eu occaſion de m'inſtruire de pluſieurs faits particuliers, qu'ils ne pouvoient que trés-difficilement ſçavoir. En ſecond lieu, il me paroiſſoit neceſſaire de faire voir dans quel état la guerre preſente a reduit la nation : mais j'étois perſuadé qu'il ne falloit découvrir le mal qu'à l'extrémité, & qu'autrement il ſeroit également imprudent & dangereux de le faire.

C'eſt une erreur aſſez ordinaire, de prendre les diſcours d'un Caffé de Londres pour la voix de toute la nation. Les Caffés de cette partie de la Ville que l'on appelle *la Cité,* ont été frequentez depuis quelques années par ceux dont la fortune dépendoit de la Banque, de la Compagnie des Indes Orientales, *&c.* Chaque nouveau fonds que Etat fait pour la guerre, eſt par rapport à ces

Messieurs, ce qu'une nouvelle hypoteque est par rapport à un Usurier, qui regarde un jeune heritier comme nos changeurs regardent la Noblesse qui est riche en fonds de terre. Les Caffés situez du côté de Whitehall ont été frequentez depuis quelques années, ou par des gens ennemis du Ministere present, ou par des Officiers de guerre. Faut-il donc s'étonner que dans les Caffés on soit contraire à la Paix. Les Mécontens seroient bien aises de voir les Ministres changez, les Officiers voudroient bien garder leurs commissions, les gens d'affaires seroient ravis de prêter toûjours à interêt.

Je vais essaier maintenant, sans entrer dans des supputations inutiles ou embarrassantes, de donner aux Lecteurs les moins habiles, une idée generale de l'état où la nation se trouve. Tout le monde sçait que les taxes sur les terres & sur le *Malt* produisent tous les ans deux millions & demi de livres sterling : le reste des revenus publics est engagé à payer les interests des sommes que nous avons déja empruntées. La dépense ordinaire de la guerre est d'environ six millions de livres sterling par an. Pour faire cette somme nous sommes obligez de prendre tous les ans à credit trois millions & demi de livres sterling sur de nouveaux fonds. Cette derniere Campagne la dépense de la guerre a excedé de plus d'un million tous les fonds que le Parlement à pû assigner pour en payer les interêts, ainsi nous avons été obligez de repartir douze cent mille livres sterling sur les autres fonds déja engagez. C'est-là une demonstration, que si la guerre dure encore une campagne, il nous fera impossible de trouver des fonds pour la soûtenir sans engager la taxe sur le *Malt*. Mais voyons comment, la Paix même étant concluë cet hyver, nous pourrions acquiter cinquante millions de livres sterling que nous devons,& qui suffiroient seuls pour acheter la quatriéme partie des Terres de la Grande-Bretagne , si elles étoient à vendre.

Quelques-uns de nos nouveaux fonds, s'ils subsistent, pourront acquiter dans les trente, dans les quarante , dans les cent années les sommes pour lesquelles ils sont assignez, les taxes sur les terres & sur le *Malt* serviront à payer peu à peu le principal des sommes empruntées par l'Etat. Mais aprés en avoir tiré ce qui sera necessaire pour payer les garnisons & les autres troupes, pour entretenir la Flote en temps de Paix, il n'en restera, si je ne me trompe , que peu de chose. Quoi qu'il en soit il faudra necessairement continuer ces taxes, tant pour entretenir la Cour que pour payer le principal de nos dettes , dont les autres fonds continuez payeront les interêts. Or pour combien de temps ces taxes & ces fonds seront-ils continuez ? C'est ce que je ne sçaurois pas déterminer. Je sçay seulement que pour en venir à bout ; il faudra une grande tranquillité au-dedans du Royaume , une longue & heureuse Paix au dehors , & une sage œconomie de nos Finances.

Puisqu'on n'a entrepris la guerre que pour parvenir à une bonne paix , il est juste, disent certaines gens , que la posterité qui joüira des fruits de cette paix , entre aussi dans les dépenses de la guerre. Comme si cette guerre avoit été absolument necessaire ; & que la conjoncture des affaires eût demandé que la nation se reduisît en s'y engageant dans l'extrémité où elle est , & où nos ancêtres ne se virent jamais. Ni les Grecs , ni les Romains n'en ont jamais éprouvé une pareille. Je suis même per-

suadé qu'il n'y a point de nation en Europe qui se
soit trouvée en cet état, si on excepte l'Espagne ,
qui s'attira un semblable malheur il y a environ six
vingts ans,& qui ne s'en est pas encore relevée. Nous
apprendrons sans doute à nos descendans à être sa-
ges : mais cette sagesse leur coûtera bien cher , &
je souhaitte qu'ils ratifient ce que nous avons fait
en leur nom.

Il est aisé de contracter des dettes & de les laisser
payer à nos successeurs; nous pouvons même espérer
qu'ils feront en état & qu'ils voudront bien les
payer : mais il est bien difficile d'assurer une paix
aussi longue qu'il faut pour cela. Les hommes n'au-
ront-t'ils pas toûjours les mêmes passions ? n'y aura
t'il plus de Princes ambitieux & interessez , qui
cherchent l'occasion de faire la guerre ? Nous serons
peut-être nous mêmes obligez de reprendre un jour
les villes sur ceux pour qui nous les avons conquises avec tant de dépense. Qu'on ne dise pas que
ces Etats avec qui nous pourrons avoir un jour des
démêlez , sont dans une condition aussi fâcheuse
que nous. Il est constant que par les conjonctures
où nous nous trouvons, & par les exactions de nos
Alliez, nous sommes en beaucoup plus mauvais
état qu'eux, j'ose dire que nos ennemis mêmes. Et
pour peu que l'on considere la constitution de nôtre gouvernement, la corruption de nos mœurs ,
nos factions domestiques, &c, on comprend qu'il
nous doit être bien difficile de nous rétablir.

Ce sera, sans doute, une grande consolation
pour nos descendans de voir quelques haillons sus-
pendus dans la salle de Westminster, achetez au
prix de cent millions sterling dont ils payeront les
interêts, & de pouvoir se vanter, comme font
certains gueux, que leurs ancestres étoient riches
& puissans.

J'ai souvent réfléchi sur cette notion malenten-
duë de credit, tant vantée par les partisans du dernier ministere. Tout ce credit n'est-il pas appuyé
sur les fonds qu'on tire de ceux qui ont leurs biens
en terres ; N'est-ce pas le produit des terres qui
fait la plûpart de ces fonds! la taxe sur les terres
& sur le *malt* ne doit-elle pas payer nos dettes, entretenir nos flottes, & nos garnisons en temps de
paix! si l'on appelle credit pouvoir emprunter dix
millions, sans que le Parlement en réponde, à per-
te de moitié pour le public ; je ne puis m'empêcher
de dire qu'un tel credit est dangereux, qu'il est
contre les loix, qu'il ressent même la trahison.
Rien n'a tant contribué à ruiner la nation que ce
credit. Pour moi, lorsqu'au changement du ministere, je vis que ce prétendu credit s'étoit éva-
noüi, je le pris pour un bon augure. Je m'imagi-
nai voir un jeune heritier, qui ayant changé son
premier Intendant, commençoit lui-même à mettre ordre à ses affaires, avant qu'elles fussent dé-
sesperées : ce qui ne permettoit plus aux usuriers
de lui fournir les mêmes sommes qu'ils avoient coûtume de faire.

Puisque nos gens d'affaires sont si portez pour la
guerre, je voudrois qu'ils en fissent la dépense une
seule campagne. Cela ne leur coûteroit que six ou
sept millions de livres sterling : & quand ils auront
avancé cette somme, j'ose soûtenir que loin d'a-
voir contribué par-là à proportion de ceux qui
ont leurs biens en fonds de terre, ils se trouveront
encore avoir reçû de l'Etat le principal & les interêts au denier six pour cent de tout l'argent qu'ils
lui ont prêté.

Sans une telle ressource, il nous sera impossible
de continuer la guerre sur le même pied. J'ay déja
remarqué

remarqué que les fonds assignez l'an passé pour la dépense de la guerre, se sont trouvez trop courts de plus d'un million de livres sterling, quoique les personnes les plus habiles & les plus intelligentes du Royaume ayent été employées à recouvrer ces fonds. C'est donc une necessité, que les fonds que nous assignerons pour la campagne prochaine, soient encore plus défectueux. Mais les Alliez, dira-t'on, pourront y suppléer, en faisant de plus grands efforts de leur côté. Ils n'ont garde de le faire; puisque l'Empereur & les Hollandois n'ont pas fourni cette année tout leur contingent, & nous ont déclaré qu'ils fourniroient encore moins la campagne prochaine.

Nous avons fait par nos conquêtes une forte barriere aux derniers & il semble qu'ils n'ont plus rien à souhaiter. L'Empereur, quelque mine qu'il fasse, fera, selon toutes les apparences content qu'on lui cede la Sicile, Naples, le Milanez & ses autres conquêtes, plûtôt que de s'engager dans une longue & douteuse guerre, pour recouvrer l'Espagne. Ajoûtez à cela que les Hollandois ne veulent ni contribuer, ni consentir au recouvrement de l'Espagne pour l'Empereur. Puis donc que nous avons fait leurs affaires; puisqu'ils n'ont plus besoin de nos armes, & que nous n'avons plus d'argent à leur donner, puisque nous ne demandons point de récompense, & que nous n'attendons point de remercîment pour nos services, il est juste de songer à nos propres interêts.

Il est temps que les Alliez fassent la paix, & qu'ils joüissent du fruit de nos conquêtes : mais il est temps aussi que nous mettions fin aux injustes véxations que nous avons souffertes de leur part. Les premieres ouvertures de paix ont été faites à

l'Angleterre à des conditions juſtes & honora-
bles , ayant porté le plus grand poids de la guerre,
nous devons avoir auſſi plus de part à la paix. Si
nous rejettons les propoſitions qui nous ſont faites
d'autres les écouteront , & feront la paix , comme
ils ont fait la guerre à nôtre préjudice. Nous ſçavons
que les Hollandois nous ont toûjours menacé de
faire la paix ſéparément ; & tant par ce motif que
par d'autres auſſi puiſſans , ils ont obligé ceux qui
étoient parmi nous à la tête des affaires , de leur
accorder tout ce qu'ils pouvoient demander , plûtôt que de voir finir une guerre qui produiſoit
tous les ans des ſommes immenſes à ces hommes
intéreſſez. Quiconque des Alliez abandonne le premier l'Alliance , met les autres Alliez dans la
neceſſité de faire la paix , & d'accepter les conditions qu'il veut bien leur preſcrire. Les Hollandois
n'ont plus beſoin de combattre , puiſqu'ils ont obtenu tout ce qu'ils demandoient : & comme ils diſent maintenant que c'eſt *nôtre guerre,* n'avons nous
pas raiſon de prétendre auſſi que c'eſt à nous à faire
la paix ?

Tout ce que nous pourrions faire en engageant
les taxes ſur les terres & ſur le malt , & en levant
une exciſe generale , ce ſeroit d'établir un fonds
d'interêt , qui augmenteroit tous les ans nos dettes
de quatre millions de livres ſterling ; & dans la ſuite
il nous ſeroit impoſſible de terminer la guerre avec
les mêmes avantages que nous le pouvons faire aujourd'hui. Quand nous aurons engagé les ſeuls revenus clairs qui nous reſtent, il faudra de neceſſité
que nos dettes deviennent perpetuelles.

Juſqu'ici nous ne nous ſommes ſoûtenus que par
art: ce qui ne peut manquer de ruiner avec le temps
l'Etat le mieux établi. Non, il n'y avoit point de Pays

en Europe plus heureux & plus riche que le nôtre; mais nous avons extenué un corps fain & robufte, en l'accablant de remedes; l'art ne fervira plus de rien, fi la nature ne fait un dernier effort.

De quels artifices ne s'eft on point fervi pour perfuader au peuple que la Grande-Bretagne fera infailliblement ruinée, fi l'Efpagne n'eft renduë à la Maifon d'Autriche? Comme fi la sûreté d'un grand & puiffant Royaume, tel que fut le nôtre, pouvoit dépendre d'un évenement, qui aprés une guerre pleine de fuccés, nous paroît encore impoffible, comme fi des Princes & des Miniftres ne trouvoient point d'autres moyens d'afsûrer la tranquillité publique, qu'en renverfant le droit de fucceffion dans un Etat, & en donnant aux peuples des Souverains malgré eux. N'y a-t-il point de sûreté pour la Grande Bretagne, fi le Roi de France ne détrône pas fon petit-fils? Les ennemis n'ont-ils point de Villes, de Ports de mer, qu'ils puiffent nous donner en ôtage, pour afsûrer notre commerce. Ne pourroient-ils pas nous mettre en poffeffion de telles places, qui les mettroient en une pire condition que jamais, au cas que contre la foi des Traitez ils vinffent à renouveller la guerre? Nous voyons dans les familles particulieres que les grands-peres ont peu d'autorité fur leurs petits-fils, & cela eft encore plus vrai dans les familles des Princes. Mais au moins, quand le Roi de France ne fera plus, il n'eft pas vrai-femblable que le Roi Philippe fe laiffe gouverner par fon frere contre fon propre interêt & celui de fes fujets. Ces deux Royaumes ont des maximes de politique toutes differentes, & qui ne fçauroient manquer d'operer en temps de paix. Ce font-là au moins des vrai-femblances, qui nous épargnent fix millions par an pour le recouvrement de l'Espagne & pour la continuation de la guerre, que je regarde comme deux choses également impossibles.

Mais, dira-t'on, si nous sommes obligez d'abandonner l'Espagne, pourquoi avons nous tant combatu? La réponse est aisée. Nous avons combattu pour ruiner la Nation & pour avancer les affaires des particuliers : nous avons combattu pour augmenter les richesses & la grandeur d'une seule famille, pour enrichir des usuriers, pour fomenter les desseins pernicieux d'une faction qui veut élever les gens d'affaires sur les ruines des possesseurs des terres. La Nation trouve aujourd'hui que tout consideré, ces avantages ne valent pas la peine de continuer plus long-temps la guerre; & c'est pour cela qu'elle desire la paix.

Les partisans de la guerre prétendent qu'on auroit pû obtenir, il y a deux ans, une paix plus honorable que celle dont il s'agit à present. Cela peut être: mais je soûtiens que dans deux ans la paix sera encore à proportion moins honorable qu'elle ne l'est aujourd'hui. Si ceux qui étoient en place, il y a deux ans, n'ont pas conclu la paix, ils n'en font que plus coupables : pourquoi insisterent-ils sur des conditions, qu'ils sçavoient bien que les ennemis rejetteroient? J'avouë qu'ils auroient pû terminer la guerre, & mettre la Nation en état de se relever : mais leur interêt particulier l'emporta sur la misere publique; & c'est de quoi ils seront responsables à Dieu, à la Nation, & à la posterité.

Quand nous déplorons le malheureux état, où l'Angleterre est réduite par les dettes qu'elle a contractées, il est assez plaisant de voir des gens de sang froid, ne répondre à tout ce qu'on leur dit, qu'en vantant *la puissance des Anglois, le courage des Anglois, les richeffes immenfes des Anglois.* J'ai entendu moi-même un homme, qui eft pourvû d'une bonne charge à vie, & qui a plus de cent mille livres fterling en fonds, lequel fort entêté fur ce point nous difoit froidement : *Prenez courage, je vous garantis que tout ira bien* C'eft-là le ftile des gens aifez, qui ne fentent point le poids qui accable les autres. J'en ai vû d'affez peu éclairez, pour s'imaginer que les fommes que nous avons trouvé le moyen de lever, nous enrichiffent veritablement, Il ne nous en refte rien, tout a paffé en Hollande, en Allemagne, en Efpagne : & ceux qui ont leur bien en terres, & qui payent aujourd'hui les interêts de ces fommes, feront obligez un jour d'en payer auffi le principal.

Ceux qui declament tant contre la paix *fans l'Efpagne*, font, fi je ne me trompe, mal informez de l'état de la France, & fe promettent de nos fuccez des fuites qu'il ne faut pas attendre. Il eft vrai qu'aprés la bataille de Ramilly les François découragez & abbatus par leurs pertes, fouhaitoient la paix avec ardeur. Le Roi lui-même étoit refolu d'écouter des propofitions raifonnables. Mais lorfque fes fujets eurent appris les demandes exorbitantes que nous avions faites, jaloux de l'honneur du Prince, ils aimerent mieux fournir à tous les frais de la guerre, que de lui voir accepter des conditions fi dures. Cela foûtint le credit du Roi, & l'argent que fes fujets ont reçû depuis ce temps-là des Indes Occidentales, & que l'on fait monter à quatre cent millions de livres, l'a mis en état de payer fes troupes. Ajoûtons à cela que cet argent ne fort pas du Royaume ; & que ce Prince demeurant, comme il fait, fur la défenfive, la guerre lui coûte bien moins qu'à nous. Il nous laiffe prendre chaque campagne une Ville, qui nous coûte cinquante fois plus qu'elle ne vaut. D'ailleurs, le Roi n'entretient point de Flote, & se contente de fournir quelques vaisseaux aux Armateurs, qui font la guerre à leurs propres dépens ; & il retire sa part du profit qui est tres-considerable : cette espece de guerre a absolument ruiné nôtre commerce. Tout cela bien consideré, fait voir que la France n'est point encore réduite à l'extrémité où nous la croyïons. Un Etat Monarchique, & où l'autorité est absoluë, peut soûtenir plus long-temps la guerre que ne peut faire un Pays, où les peuples sont plus indépendans.

Ceux qui sont contraires à la paix *sans l'Espagne,* se sont trompez aussi en se figurant nos succez & nos victoires bien plus considerables qu'ils ne sont en effet. Lorsque nos armées prennent une Ville en Flandre, les Hollandois s'en emparent, & nous faisons ici des feux de joye. J'ai souvent eu compassion du pauvre peuple, qui brûloit son bois si mal à propos. Que nous importe la prise de Bouchain, que les politiques des caffez font tant valoir? Que nous sert-il d'avoir pris à la vûë des ennemis la garnison prisonniere de guerre ? Nous ne sommes plus en état de nous repaître de points d'honneur. Tout l'avantage que nous retirons de cette conquête, c'est d'avoir dépensé trois ou quatre millions de livres sterling, pour prendre une Ville qui ouvre un nouveau pays aux contributions des Hollandois, & qui augmente les richesses du General.

Dans la guerre précedente, lorsque nos Officiers & nos soldats n'étoient pas encore ce qu'ils sont aujourd'hui, nous perdîmes des Batailles & des Villes: & cependant nous ne laissâmes pas de nous soûtenir, comme les François font maintenant. Il n'y avoit

rien alors de décifif dans leurs fuccez. Ils s'ennuye-
rent de la guerre auffi bien que nous ; & ils confen-
tirent enfin à la paix, qui nous auroit rendus heureux, fi elle n'avoit pas été fuivie du Traité de
Partage, qui ralluma la guerre. Ceux qui font
en état de foûtenir plus long-temps la guerre, la
terminent toûjours avec plus d'avantage. L'armée
qui agit offenfivement dans un pays, comme la
Flandre, coûte beaucoup plus que celle qui fe
tient fur la défenfive ; & il n'y a pas une ville prife dans les formes ordinaires, ou, tout bien confideré, les affiégeans n'ayent le deffous. Les places les plus fortes ne font plus imprenables ; &
quand un Prince veut faire les frais, & qu'il eft
en difpofition de facrifier des hommes & de l'argent, il eft sûr de s'en rendre maître. Lorfque le
Roi de France affiegeoit autrefois une Ville, fes
Generaux & fes Ingenieurs avoient coûtume de
marquer le jour précis qu'elle devoit être prife. Les
ennemis convaincus de tout cela, évitent depuis
quelques années de donner bataille : ils fe con-
tentent de nous laiffer confumer nos forces contre des pierres & des murailles, facrifiant une ville chaque campagne, qui leur coûte moins de
nous donner, qu'à nous de la prendre.

Enfin ceux qui s'oppofent à la Paix *fans l'Efpagne*, n'ont pas je crois, jetté les yeux fur un
nuage qui fe forme du côté du Nord, & qui dans
peu peut fondre fur nos têtes.

La guerre du Nord a toûjours continué depuis
que nous avons rompu avec la France, le fuccés
de cette guerre a été affez inconftant : mais nous
avons toûjours eu à craindre, que nous n'y fuffions
enveloppez à la fin, & fi cela arrivoit, il eft certain que dés-lors la France reprendroit l'avantage fur nous.

En nous faifant garants du Traité de Traven-
dall ; nous nous engageâmes d'empêcher le Roy
de Dannemarc de faire la guerre à la Suede Tout
le monde convint alors , & les Miniftres Anglois
l'avoüerent , que le but de ce Traité tendoit principalement à empêcher le Roy de Danemarc de
donner du fecours au Roy Augufte. Mais quand
même nous n'aurions pas été garants de ce Traité,
nous étions liez d'ailleurs avec la Suede par d'autres Traitez anterieurs qui furent tous confirmez
& renouvellez par un autre Traité conclu à la
Haye entre le Chevalier Jofeph Williamfon & M.
Lilienroot, peu avant la mort du feu Roy. Il eft
vray que les mêmes raifons qui ont empêché le Roy
de Suede d'envoyer à l'Empereur le contingent des
troupes qu'il luy doit fournir comme Prince de
l'Empire , nous ont empêché de donner du fecours
au Roy de Suede.

Pendant prefque tout le cours de cette guerre
le Roy de Suede a été victorieux, à quels dan-
gers n'étions nous pas alors expofez? Si ce Prince
avoit veritablement été dans les interêts de la
France, dans le temps qu'il entra en Saxe, il eft certain qu'il auroit déconcerté toutes les mefures des
Alliez. Mais les chofes tournerent autrement : il
fe contenta de conclure le Traitté d'Alt-Ranftadt ,
par lequel le Roy Augufte fut obligé de renoncer à
la Couronne de Pologne, & d'en reconnoître le Roy
Staniflas pour legitime Roy. A peine ce Traité fut-
il conclu, que le Roy de Suede, & le Roy Staniflas
demanderent que l'Angleterre & la Hollande en
fuffent garands. La Reine ne fe fit pas guarante dans
les formes : mais dans une Lettre qu'elle écrivit à
Staniflas, elle luy donna le titre de Roy ; & on af-
fura auffi le Miniftre de Suede au nom de la Reine ,

ce qui fut fait auſſi par le Conſeil , que l'Acte de ga-
rantie ſeroit expedié au premier jour ; & qu'en at-
tendant l'aſſurance qu'on luy en donnoit, en tien-
droit lieu.

En 1708. le Roy Auguſte fit laCampagne en Flandre. Nous ignorons les meſures qu'il y a pû prendre:
nous ſçavons ſeulement qu'immediatement aprés ,
ſans avoir égard au Traitté d'Alt-Ranſtadt , il entra
en Pologne , & y reprit la Couronne.

Aprés cela , nous apprehendâmes que la Paix de
l'Empire ne fût en danger; & ſur cela nous nous engageâmes à être garans du Traité de Neutralité. Le
Roy de Suéde ne voulut pas entrer dans ce Traité ;
parce qu'il y étoit ſtipulé qu'on couvriroit les fron-
tiéres de la Pologne & du Jutland , ſans qu'on y fit
mention de ſes Etats.

Conſiderons maintenant en quel état nous ſommes par rapport à la guerre du Nord. Si le Roy de
Suede retourne dans ſes Eſtats , s'il a quelque
avantage ſur ſes Ennemis, il ne ſe croira plus obligé
d'avoir les mêmes égards pour les Alliez ; mais il
pourſuivra , comme il dit luy-même, *ſes Ennemis
partout où il les trouvera.* En ce cas , le corps de la
Neutralité ſera obligé de ſe declarer contre lui ; &
par là nous ſerons engagez dans une ſeconde guerre , avant que nous ayons fini la premiere.

Si les Confederez du Nord réüſſiſſent contre le
Roy de Suede , comment y pourrons-nous conſer-
ver *la balance* du pouvoir , ſi neceſſaire à nôtre commerce ? Comment pourra ſubſiſter ce ſupport du
parti Proteſtant en Allemagne, qui dépend uniquement de ce que le Roy de Suede poſſéde dans l'Empire. Qui pourra nous aſſurer que ces Princes aprés
avoir établi la tranquillité dans le Nord , ne nous
obligeront pas auſſi de faire la Paix avec la France.

Enfin si le Roy de Prusse, l'Electeur d'Hanovre, & d'autres Princes dont les Etats sont contigus, sont obligez d'abandonner les armées qui agissent contre la France, nous devons nous attendre à tout moment que ces Princes rappellent leurs troupes; & cela peut arriver dans le cours d'un siege, ou à la veille d'une bataille. N'est il donc pas plus de nôtre interêt de nous mettre à l'abri, pendant qu'il est encore temps, que de continuer une guerre ruineuse, pour parvenir à une fin impossible.

Il est certain que les Ministres d'apresent (s'ils pouvoient le faire en conscience & en honneur,) trouveroient leur interêt à continuer la guerre, comme ont fait les Ministres precedens. Il faut avoüer cependant que le Royaume est trop épuisé, pour qu'ils en pussent tirer des sommes aussi considerables. Ils auroient pû prolonger la guerre, jusqu'à ce que le Parlement eut demandé la paix;& pendant tout ce temps-là ils seroient demeurez à la tête des affaires. Il faut donc conclure, quoi qu'en disent leurs Ennemis, que tout ce qu'ils ont entrepris, a été pour le bien bublic contre leurs interêts particuliers. Ils sont persuadez qu'il vaut infiniment mieux accepter des conditions de paix, qui assurent nôtre commerce, qui donnent une barriere aux Etats Généraux, une satisfaction convenable à l'Empereur qui rétablissent la tranquillité de l'Europe, que de continuer une longue & onereuse guerre, pour recouvrer d'entre les mains des Bourbons une Monarchie, que nous ne pourrons jamais leur enlever que par une espece de miracle. Et si pendant ce temps-là un seul de nos Alliez venoit à se détacher de nous, nous serions alors obligez de faire la paix, parce que nous ne serions plus en état de continuer la guerre.

FIN.